국혼의 지사
백암 박은식 평전

국혼의 지사

백암 박은식 평전

김삼웅

채륜

'국혼'이 무너진 시대에
백암을 찾아서

한말에서 국권상실기, 그러니까 우리 민족이 유사 이래 가장 혹독한 시련을 겪던 시기에 그는 태어나고 활동하였다. 초동필부라도 제정신 갖고 살기 어려웠던 시대에 선각자의 삶이 얼마나 어려웠던가는 짐작이 가고도 남는다.

'태백광노太白狂奴' 태백산(지금의 백두산)이 있는 나라의 사람으로 망국을 슬퍼하며 미쳐 돌아다니는 노예라는 뜻으로 필명을 쓰고, '무치생無恥生' 나라를 빼앗기고도 부끄러움을 모르는 사람이라는 의미에서 별호로 사용할 만큼 치열했던 사람,

망국시대에 '국로國老' 혹은 '박부자朴夫子'로 추앙되었던 인물.

그 암울했던 시대에 태백광노와 무치생이라도 없었다면 우리 역사는 얼마나 참담하고 민초들은 어디에 희망을 걸고 살았을까. 그가 아니었다면 『황성신문』과 『대한매일신보』는 어찌됐을 것이며, 『독립운동지혈사』와 『한국통사』는 세상에서 빛을 보지 못했을 것이다. 그리고 이승만이 어지럽히고 탄핵되어 물러난 대한민국임시정부의 수습은 쉽지 않았을 것이란 점에 상도하면, 그의 존재는 더욱 돋보인다.

박은식朴殷植(1859~1925)은 한말 무능부패한 정부와 지배층, 여기에 서세동점의 파고가 한반도에 거세게 밀려와 민족적 위기가 심화되던 시기에 국민계몽과 국권수호, 그리고 민족독립을 위해 생애를 바친 분이다. 자字는 성칠聖七, 호는 처음에 겸곡謙谷이라 하였다가 백암白巖이라 쓰고, 망명기에는 일제의 추적을 피하고자 박기정朴箕貞이라는 가명을 사용하였다.

자질이 우수하고 학문이 깊었으나 평생 지낸 관직은 능(왕릉)을 지키며 그것에 관한 일을 맡아보는 종 3품의 벼슬 능참봉 6년이 전부였다. "능참봉을 하니까 거동이 한 달에 스물아홉 번"(모처럼 일자리를 구하니까 생기는 것은 별로 없고 바쁘기만 하다)이라는 속담대로 별 볼일 없는 미관말직이었다.

박은식은 부패무능한 조정의 관직보다 기울어 가는 국운을 바로잡고자 뜻을 바꿔 세웠다. 배움과 스승을 찾는 길부터가 여타의 고루한 유생들과는 크게 달랐다. 다산 정약용의 제자를 찾아가 다산의 정법사상政法思想에 접하고, 위정척사파의 거두인 화서 이항로의 문인으로부터 참유학을 배웠다.

사르트르의 지적이 아니더라도 국가위난기에 관직이나 탐하고 안일을 취하는 식자는 진정한 의미에서 지식인이라 하기 어렵다. 그것은 동양에서도 다르지 않아 한자 '지식인'의 지知와 식識 자를 파자破字해 봐도 알 수 있다. 박은식은 임오군병(1882)·제물포조약(1882)·독립당(1884)·갑신정변(1884)·동학혁명(1894)·갑오경장(1894) 등을 지켜보면서 크게 실망하며 동명왕릉의 참봉직을 내던지고 어지러운 사회현장으로 뛰어 나왔다. 단재 신채호가 성균관 박사 자리를 박차고 역사 현장에 투신한 사례와 비슷하다.

국난기에 산지식으로 무장한 박은식은 장지연 등과『황성신문』을 창간하여 주필을 맡고 이 신문이「시일야방성대곡」으로 필화를 당하면서 신채호와『대한매일신보』그리고『서북학회월보』의 주필로서 개화·계몽·배일 논설을 집필하면서 일제와 매국노들을 격렬하게 질타하였다. 일제는 한국을 병탄하면서 백암의 모든 책을 금서로 묶어 불태웠다.

미국에서 돌아온 안창호 등과 비밀단체 신민회를 조직하여 국권회복운동의 실력을 키우고, 각급 애국계몽운동을 지도하였다. 병탄 후 해외로 망명하여 민족독립운동을 고취시키고자

『한국통사』를 써서 일제의 침략과정을 폭로하였다.

이 책이 국내에 반입되어 널리 읽히게 되자 총독부는 부랴부랴 한국사를 근원에서부터 왜곡하는 조선사편수회를 통해 『조선반도사』를 편찬하여 본격적인 역사왜곡을 시작하였다. 그리고 국사 관련 모든 책을 수거하여 소각하였다. 총독부는 『조선반도사』의 편찬 동기를 "박은식의 『한국통사』와 같은 역사서의 해독을 소멸시키기 위한 것"이라고 밝혔다. 『조선반도사』는 식민지근대화론자들의 '국정교과서' 노릇을 한다.

박은식은 1911년 4월, 당시에는 노년기에 접어든 53세에 망명하면서 "국체는 비록 망했으나 국혼만 소멸되지 않으면 부활이 가능한데 지금 국혼인 국사마저 불태워 소멸하니 통탄을 금할 수 없노라."고 개탄하며 무거운 발걸음으로 국경을 넘었다.

해외로 망명하여 동제사와 대한국민노인동맹단에 이어 대한민국임시정부를 세우고 제2대 대통령에 추대되고서는 자신의 권력을 내려놓는 내각제 개헌을 단행한 후 퇴임하는 청렴한 길을 걸었다. 이승만과는 전혀 다른 모습이었다.

최근까지 친일파 후손들과 그 동조세력이 교과서를 국정화하고 독립운동가 대신 친일분단세력을 '건국세력'으로 미화하는 잔인한 역사퇴행이 진행되고 있었다. 다시 '국혼'이 무너지는 반역사 시대에 백암 박은식 선생이 지하에서 통곡하지 않았을까.

참담했던 국난기에 언관과 사관, 민족사상가, 교육자, 한학자, 문장가, 『이순신전』, 『안중근전』 등을 지은 전기작가, 그리고 순결한 선비로서 한 점 삿됨이 없고 한 치의 흐트러짐도 없이 독립운동을 지도하면서 고고청정한 삶을 살았던 백암 박은식 선생의 예던 길을 찾아 떠나고자 한다.

한 가지 덧붙여, 나는 『대한매일』 주필로 재직 시, 지금은 고인이 되신 동방미디어주식회사 이웅근 회장의 지원을 받으면서 사계의 권위자인 윤병석(위원장)·신용하·이만열·정진석·김필자·윤경로·박걸순·최기영·정진구 교수 등과 『백암 박은식 전집』 전 6권을 편찬한 바 있다. 여기 쓰는 평전은 그때 작업한 '전집'에서 크게 의존함을 밝힌다.

차 례

1장

출생과 성장기

평범한 농민의 아들로 태어나

박은식은 국운이 기울기 시작한 1859년 9월 30일 황해도 황주군 남면 바닷가 마을에서 아버지 박용호朴用浩와 어머니 노씨盧氏 사이에서 태어났다. 5형제 중 4형제가 일찍 죽고 혼자 살아남았다.

박은식의 선대에 이렇다 할 인물이 없는 것으로 보아 평범한 농부의 아들로 태어난 것으로 보인다. 박은식의 할아버지 박종록朴宗祿이 농사를 잘 지어서 약간의 재산을 모으게 되자 친족과 이웃을 잘 돌보고 또한 성품이 인후근검하여 마을 사람들의 칭송을 들었다.

그는 경제적 여유가 생기자 아들(박용호)에게 과거 공부를 시켰으나 등과하지는 못하고 향리의 서당에서 숙사塾師로 일생을 마쳤다. 비록 한빈한 농촌 처사의 신분이었으나 학식이 높아 아들(박은식)의 의식형성에 많은 영향을 끼쳤던 것 같다.

송상도의 『기로수필』에 따르면 중년의 박은식은 중키에 광대뼈가 튀어나왔으며 항상 미소 짓는 얼굴이었고 관후하고 소탈한 성품이었다고 한다.

상하이 대한민국 임시정부 시절 한동안 곁에서 박은식을 지켜보았던 언론인 나절로의 기록이다.

> 선생은 어려서부터 하나를 들으면 열을 깨우치는 발군의 총명을 가졌었다. 그래서 이웃에서는 신동이라는 칭찬을 들어왔다. 당시 속류배들은 그저 하나도 과거科擧요, 둘도 등과登科에 기를 썼지만, 선생은 속된 선비들에게 휩쓸리지 않고 묵묵히 경사經史에만 열중, 사학자로서의 길을 닦았다. 그리하여 안중근 의사의 선친 태훈 선생을 찾아 교분을 맺으면서 함께 시문詩文을 토론하고 연마하기에 여념이 없었다. 선생의 학구學究가 원숙되기는 그때였을 것이다. 또한 선생은 정다산丁茶山 선생을 존숭하여 그의 정치·경제 등 저서를 탐독함으로써 경국제민의 기틀을 닦기도 했다.[1]

박은식은 젊어서부터 총명하고 인물됨이 남달랐던 것 같

다. 또 다른 기록이다.

> 그는 일찍부터 가숙家塾에서 한문을 공부하였다. 젊어
> 서부터 문명文名을 날렸으며, 한말 척족인 민 판서 민병석
> 의 숙사塾師로 초빙되던 무렵부터는 당대의 여러 명사들과
> 도 교유하여 위암 장지연, 석농 유근, 백당 현채, 창강 김택
> 영, 면우 곽종석 및 해학 이기 등이 그의 심교한 지우였고,
> 배설裵說 같은 외국인도 깊이 접촉하였다.[2]

박은식은 어지러운 시대에 평범한 가정에서 비범한 자질을
갖고 태어나 자랐다. 그가 태어날 무렵 국제정세는 제국주의
열강의 식민지 쟁탈 경쟁이 전개되고, 한반도는 최후의 각축장
이 되었다. 1845년 6월 영국 군함이 제주도와 전라도를 측량
하고 돌아간 것을 시초로 1848년 경상·전라·황해·강원·함경
도 해안에 이양선異樣船이 출몰하여 민심을 불안케 하였다.

박은식이 한 살 되던 1860년 최제우가 동학을 창시하고,
1862년에는 진주민란을 계기로 임술민란이 시작되었다. 이
어서 제너럴 셔먼호사건(1866), 병인양요(동년), 남연군묘 도굴
사건(1868), 이필제의 난(1871), 운요호사건(1875), 강화도조약
(1876) 등 국내외가 소연한 사건이 잇따랐다.

아들 넷을 아기일 때 잃은 박은식의 부모는 당시의 풍습에

"유재有才 조학早學이 단명을 초래한다"는 말이 있었으므로 아버지가 아들의 서당 훈장임에도 재주 있는 아들을 서당에 보내지 않았다. 그래서 박은식은 10세가 되어서야 서당에 입학하게 되었다.

박은식은 10세부터 17세 때까지 7년간 아버지의 서당에서 정통 주자학을 배우고 사서삼경과 제자백서를 공부하였다. 자신의 공부방에 주자朱子의 영정을 걸어놓고 매일 아침 절을 드릴 만큼 주자를 존숭하고 주자학을 신봉하였다.

> 서余도 유시幼時로부터 오즉 주학朱學을 강습하고 존신하야 매암晦庵(주희의 호)의 영정을 서실에 사봉私奉하고 매조每朝에 담배한 사실도 있었다.[3]

당시 조선사회 유학자(유생)의 대부분이 주자를 배우고 주자학은 조선의 정학正學으로 받들리면서 국교처럼 되었다. 이에 반하면 사문난적으로 몰렸다. 유학파들의 '사문난적'은 오늘 극우파의 '좌경종북'보다 '약효'가 훨씬 강했다.

정통주자학에 정약용의 정법사상 배워

박은식은 성장하면서 전통유학에만 머물지 않았다. 그의 아버지는 여느 부모들처럼 재주 있는 아들이 과거에 급제하여 벼슬길에 오르도록 과거 공부를 시키었다. 당시는 과거가 유일한 출세의 길이었다. 삼정三政의 문란과 함께 과거제가 '입도선매' 등 불공정하기 그지없었지만, 나름대로 명맥을 유지하고 있었다.

40세를 전후하며 박은식은 유학의 형식논리·허례허식·유생들의 탈선 등을 지켜보면서 정통 주자학 연구에 전념하는 한편 시대변화에 적응할 수 있는 양명학에도 관심을 보였다. 그리고 노자·장자·양자·묵자·한비자 등 다양한 중국 학자들의 저서를 접하면서 학문에 관한 인식이 높고 넓어졌다.

> 백암의 67세의 생애는 그의 40세를 전후로 크게 달라진다. 또한 그의 전 반생이 되는 40세까지의 그의 생장이나 활동 등에 대하여는 이제까지 알려진 바가 적다. 그러므로 우리가 말할 수 있는 것은 우선 한반도에 외세와 새로운 근대 문명의 물결이 감싸는 속에서 척족 세도정치를 물리치고 쇄국정책을 고집한 대원군의 집정시대에 그는 유년기를 보냈으며, 은둔국 조선의 탈이 벗겨지는 문호개방 전후의

소용돌이 속에서 소년기를, 20대의 성년기에 접어들어 신문명 수용의 개화 풍경과 일본·청·러시아 등 제국주의 열강의 침투를 감각했다고 할 수 있다.

그 후 30대의 청년기에 들어서는 일본과 러시아의 제국주의 침략이 개화 문명을 앞세우고 국기國基를 흔들고, 이런 속에서 민중의 탄압과 국력의 소모만을 결과하는 대원군과 민비, 사대당과 개화당 등의 파벌 항쟁과 타율적인 근대 외교와 자주성이 결한 일본·청에 의하여 일그러진 서구 문명의 수용이 붕괴하는 전통 사회와 국가를 위기 속에 몰아넣고 있음을 목도했다 하겠다.[4]

박은식은 40세 이전까지 서도 지방에서 주자학자로서 문명을 날렸다. 타고난 총기와 더불어 성실집념하여 유학을 두루 섭렵하여 일가를 이루었다. 하지만 급변하는 내외 정세에서 이 학문만으로는 대처하기 미흡하다고 판단해서인지 다양한 학문을 접하기에 이르렀다.

과거공부에 회의를 느낀 박은식은 17세에 개연히 뜻을 세워 고향을 떠났다. 보다 넓은 세상, 깊은 학문을 찾기 위한 '가출'이었다.

박은식의 17세 때의 '출향'이 그의 아버지의 허락을 얻은 것인지 혹은 가출이었는지는 분명치 않으나, 그는 이때 이후 과거공부를 집어치웠다. 그는 집을 떠나서 당시 황해도 일대에 성망이 있던 안태훈(안중근의 아버지)과 교우하여 문장을 겨루어서 황해도의 양 신동이라는 이름을 듣기도 하고, 이곳저곳을 돌아다니며 자기 또래의 청년들을 사귀기도 하였다. 이 무렵에 박은식은 술도 좀 배운 것 같다. 이때 이후 박은식은 평생토록 약주를 매우 즐기었다.[5]

박은식은 세상을 유랑하면서 백성들의 생활을 살피고 세상을 보는 안목을 넓혔다. 그러던 중 스승이기도 했던 아버지가 1877년에 사망하였다. 양가 사이에 혼담이 있었던 연안 이씨와는 아버지 탈상을 지낸 1879년(21세)에 결혼하고, 이즈음 평안남도 강동군 삼등면으로 이사하여 새살림을 차렸다.

아버지를 여의고 결혼을 하였지만 박은식의 학문에 대한 열정은 조금도 사그라지지 않았다. 22세 때에 경기도 광주 두릉에 사는 다산 정약용의 애제자 신기영과 다산의 종인宗人으로서 제자인 정관섭을 찾아가 다산이 저술한 각종 저작들을 열람하면서 정학政學을 섭렵할 수 있었다. 이때 '다산학'의 섭렵은 후일 그가 실사구시의 학풍을 갖게 하는 학문적 바탕이 되었다.

박은식은 1882년(24세) 상경하여 서울에 머물고 있었다. 그

해 '시무책時務策'을 지어 당국에 제출하려 했으나 받아들여지지 않았다. 주자학과 다산학을 섭력하고 각 지역의 민심을 살피고 쓴 '시무책'은 볼 만한 내용이었겠으나 아쉽게도 지금은 전하지 않는다.

크게 실망한 박은식은 고향으로 돌아왔다. 서울에서 지켜본 나라 사정이 위태로워 작성한 시무책이 수용되지 않아 크게 속이 상해서였던지 평안북도 영변의 깊은 산중으로 들어가 질박한 생활을 하면서 학문의 연마에만 정진하였다.

나라가 태평한 시대였다면 박은식은 그의 능력으로 보아 대학자가 되었을 것이다. 꾸준히 학문에 대한 욕구는 용솟음쳤다. 1884년(26세)에 영변의 산중 생활을 마치고 다시 스승을 찾아 길을 나섰다.

이번에는 평안북도 태천에 사는 운암雲菴 박문일朴文一과 그의 아우 성암誠菴 박문오朴文五였다. 박문일은 조선 말 성리학의 대가인 화서 이항로의 문인으로 관서지방에서는 다수의 제자를 길러낸 주자학의 거유로 알려졌다. 박문일은 한말에 박지원·정약용 등 11명과 함께 '규장각제학'에 추증될 만큼 학문이 깊었다. 박문오도 형에게 뒤지지 않은 학자였다.

박은식은 이들 형제로부터 학리적인 주자학을 체계 있게 배웠다. 그는 박문일의 제자로서 행세하고 스승도 제자로 인정하였다. 박문일은 뒷날 자신의 저서 『운암집』에서 박은식을 평하여 "세상에서 문장을 논한다면 반드시 박은식을 손꼽는다."
라고 하였다.

한 연구가는 박은식의 청년기 수학의 계보를 세 개의 냇물
이 합류하여 하나의 강물을 이루고 있다고 분석한다.

첫째의 냇물은 기원이 되는 것으로서 아버지인 숙사 박
용호로부터 주자학과 과거를 위한 시부詩賦를 배운 것이다.
박은식은 이때 주자를 존숭했으며 또한 이때가 초학인 만
큼 그 영향도 가장 컸다고 볼 수 있다. 그는 정통파 주자학
도로서 교육받고 훈련받았으며, 주자학도로서 자기를 정립
하기 시작한 것이었다.

둘째의 흐름은 다산 정약용의 실학을 수학한 것이다.
이것은 주자학도로서의 박은식의 사상체계 안에 주자학을
내재적으로 비판할 수 있는 맹아를 심어 놓은 것이라고 볼
수 있다.

셋째의 흐름은 운암 박문일의 문하에서 주자학을 더욱
깊이 본격적으로 수학한 것이다. 당대의 큰 학자인 박운암
의 문하에서 주자학을 더욱 체계적으로 깊이 있게 수학함
으로써 박은식의 주자학도로서의 사상체계는 더욱 굳어지
게 되었다.

위의 세 개의 흐름을 종합해 보면 박은식의 청년기의

수학은 정통파 주자학으로 짜여져 있으며, 그 속에 하나의 작은 맹아로서 정다산의 실학적 요소가 깊숙한 곳에 자리잡고 있었다고 말할 수 있다. 그러나 동태적으로 보면, 사회적 조건이 변동하는 경우에는 작은 맹아로서의 실학적 요소가 박은식의 사상체계 속에서 급성장하여 중요한 위치를 차지하게 될 소인도 있었음을 또한 주목할 필요가 있을 것이다.[6]

위정척사파에서 자유민권사상가로

박은식의 유년·청년시절은 무능한 국왕과 조정대신들의 부패로 국정이 난맥 상태에 이른 시대였다. 국내적으로는 봉건적인 모순이 극도에 이르고 여기에 문호개방에 따른 외세의 침략으로 시련이 중첩하였다. 이에 맞서 여러 가지 형태의 민중봉기가 나타나고 개혁이 시도되었으나 안동 김씨의 지배층은 기득권을 지키고자 개혁의 요구를 조금도 수용하지 않았다.

마침내 대원군이 집정하고 국정쇄신에 나섰으나 서원철폐 등 부분에 그치고 오히려 천주교 탄압으로 외세를 불러들이는 곡절을 겪어야 했다. 박은식이 18세 되던 해에 개문납적의 강화도 조약이 맺어졌다. 국내적인 모순에 외세의 압력이 가중되는 엄중한 사태였다. 한반도는 민족적 모순과 국제적 모순이 중첩·강화되면서 내외의 위기에 직면하였다.

박은식은 대기만성형 인물이다. 조숙한 천재들의 재기발랄성과 조식早熄에 비해 그의 행보는 준비기간이 무척 긴 편이다. 그만큼 학문적으로 온축하는 시간이 많았을 것이다.

박은식은 27세에 어머니의 명에 따라 향시에 응시하였다. 머리 좋고 글 잘하는 아들에게 어머니는 과거를 보아 입신출세할 것을 바랐다. 마침 황해도 관찰사 남정철이 박은식의 문재文才를 익히 듣고 있었으므로 그를 특선으로 뽑았다.

이것이 계기가 되어 30세에 평안남도 평양에 있는 기자箕子를 모신 사당 숭인전의 참봉에 임명되었다. 이어서 34세에는 평안남도 중화군 오봉산 밑의 진주동에 소재한 동명왕릉의 참봉으로 전임되었다. 박은식은 1888년부터 1894년 동학농민혁명과 갑오경장이 일어날 때까지 6년간 참봉으로 봉직하였다. 이것이 그가 오른 관직의 전부였다.

박은식은 관직에 있으면서도 학문을 게을리하지 않았다. 관서 지역의 세도가 민영준과 민병석이 그를 숭인전 참봉과 동명왕릉 참봉에 임명한 것은 한적한 곳에서 학문을 계속할 수 있도록 배려한 것이라는 이야기도 전한다.

1894년 초 동학농민혁명이 일어났다. 정통 주자학을 공부한 박은식은 동학농민혁명을 당시 지배층의 일반적인 생각대로 '동비들의 반란'으로 인식하였다. 그리고 같은 해 개화당이 집권한 후 종래의 문물제도를 서양의 제도를 본받아 근대적으로 고친 갑오개혁을 '사설邪說'이라고 비판하였다.

박은식은 이 무렵 서울에 체류하면서 동학농민혁명과 갑오개혁을 지켜보면서 개탄과 함께 국가적인 재난으로 인식하며 불안한 마음을 금하기 어려웠다. 개화파와 위정척사파의 시국관이 얼마나 심각한 차이가 있었던가를 보여준다. 박은식은 이두 사건에 크게 상심하고 더 깊은 공부를 하여 보국안민을 하고자 강원도 원주군 주천 마을로 이사하여 은거생활을 하게 된다. 일종의 현실도피였다.

박은식이 강원도 산골에 은거 중일 때 시국은 변화에 변전을 거듭하였다. 1895년 8월 명성황후가 미우라 고로 일본공사가 주도하여 일본 수비대 요원과 낭인 패거리들에 의해 시해되고, 같은 해 단발령이 내렸으며, 1896년 1월에는 을미의병이 전국에서 봉기하였다. 2월의 아관파천, 4월의 서재필에 의한 『독립신문』 발행, 7월에는 독립협회 설립, 1897년 10월의 국호를 대한제국으로 변경함과 고종의 황제 취임, 1898년 2월에는 흥선대원군이 사망하였다. 독립협회의 발족과 만민공동회 등의 활동은 자유민권사상을 고취하고 근대적 민족주의 사상을 일깨우는 그야말로 주자학의 세계관에서는 코페르니쿠스적인 전환이었다.

이와 같은 격변·격동기에 박은식은 크게 의식의 전환을 이루었다. 다소 고루한 정통 주자학과 위정척사사상의 세계관에서 벗어나 신학문과 신지식의 개화사상에 접하게 된 것이다. 이때의 사상적 전환이 없었다면 그는 시대에 낙후된 구시대적 위정척사파의 인물로서 잔명이나 유지하였을 뿐일 것이다.

우수한 자질을 갖춘 인재들이 시대를 주도하지는 못할망정, 시대변화에 부응하지 못한 채 기득권에 갇혀 수구의 세계관을 추구하는 인물들은 어느 시대나 존재하기 마련이다. 3·1독립혁명 후에는 일단의 보황주의자들이 있었고, 해방 후에는 반탁·냉전의식에 젖어 '달팽이 신세'가 된 정치인들, 학생운동을 주도·참여하고서도 70~80년대까지 군사독재나 그 아류권력에 가담하여 민주화에 역행하는 인물들을 수없이 지켜본다.

박은식은 달랐다. 시대가 변화되고 있음을 스스로 깨달은 것이다. 40세가 되던 1898년에 쓴 글에서 자신의 사상적·정신적 변화를 기록한다.

40세 이후에 세계학설이 수입되고 언론자유의 시기를 만나 여洙도 일가 학설에 낙니膠泥되었던 사상이 적이 변동됨으로 선배의 엄금하던 노老·장莊·양楊·묵墨·신申·한韓의 학설이며 불교와 기독의 교리를 모다 종관하게 되었다.[7]

여기서 말한 노는 노자, 장은 장자, 양은 양주, 묵은 묵자, 신은 신불해, 한은 한비자를 일컫는다. 정통 주자학에서는 이들의 학설을 하나같이 '이단사설'로 몰아 금기의 대상으로 삼았다. 조선시대의 유학(주자학)이 얼마나 폐쇄적이고 편식적이었던가를 보여준다.

박은식은 중년의 나이 40세에 "세계학설이 수입되고 언론 자유의 시기"를 만나 자기의 학설이 크게 변화되었음을 밝히면서 '신인간'으로 탈바꿈하였다. 1896년 2월경 서울로 돌아온 그는 독립협회의 활동을 관심 깊게 살펴보고, 1898년에는 독립협회 주최로 서울에서 열린 만민공동회를 지켜봤다.

만민공동회는 1898년 3월 종로 네 거리에서 러시아인 탁지부 고문과 군부 교련 사관의 해고를 요구하는 청년 연사들의 연설을 듣고 참석한 민중들이 열렬히 환영하였다. 이때까지는 상상도 하지 못한 현상이었다. 그해 10월에는 일부 조정대신들을 출석시킨 가운데 지식인·학생·부인·승려·상인·백정에 이르기까지 사회각층 1만여 명이 모인 만민공동회를 열어 정부의 매국적 행위를 공격하고 「헌의 6조」의 국정개혁안을 결의하였다.

이때 박은식은 만민공동회의 간부로 참여하여 처음으로 위정척사파에서 개화파로 전신하는 '혁명적 변신'을 시도하였다. 당시 "서도西道에서는 16, 17세기의 돈암 선우협 이래로 제일

가는 학자"라는 평을 받았던 그가 이제 낡은 주자학을 훨훨 털고 자유민권사상의 벌판에 자리를 잡았다.

박은식의 생애는 1859~1898년(40세)까지의 주자학 수학기를 제1기, 1898~1910년(52세)까지의 언론활동과 민중계몽기를 제2기, 1910~1925년(67세) 망명·독립운동기를 제3기로 나눈다면, 이제 고달픈 제2기의 시대에 접어들었다.

2장

진보 언론인의 길에 나서

국가위난기 민족언론계 투신

한국의 근대사는 1880년대를 전후하여 국운의 중대한 갈림길에 놓이게 되었다. 적어도 1894년 동학농민혁명이 성공하여 밑으로부터의 개혁이 이루어졌거나, 같은 해 갑오개혁이라도 성공하여 위로부터의 혁신이 가능했으면, 일제식민지 지배의 치욕을 면할 수 있었을 것이다. 그것도 아니라면 1884년 12월 4일의 갑신정변이라도 성공했어야 했다.

일본에서는 1868년 무스히토睦仁를 중심으로 일단의 개혁파들이 학제개혁, 징병제 실시, 지조地租개혁, 근대적 국회개설, 헌법 반포 등 일련의 개혁을 통해 메이지유신明治維新을 단행하였다. 서양의 신문명을 받아들여 국력을 키우는 한편 삿슈 군벌의 우두머리이자 신정부의 참의 신분인 사이고 다카모리를 필두로 하는 군벌은 이른바 정한론征韓論을 제기하였다.

조선을 정벌하자는 이 주장은 한때 내치우선파에 밀려 좌절되는 듯했으나, 조선침략의 책략은 꾸준히 이어져 1875년 운요호 사건을 일으킨 데 이어 1876년의 강화도조약으로 나타났다. 강화도조약 이후 29년 만에 조선은 을사늑약으로 일제의 식민지로 전락하였다.

갑신정변은 메이지유신으로부터 불과 16년, 동학혁명과 갑오개혁은 26년의 시차에 불과하다. 일본이 메이지유신으로 혁명적 개혁을 단행할 때 조선에서는 사대당(사대수구당) 세력이 청나라에 기대어 진보세력인 독립당(개화당)을 탄압하면서 기득권 지키기에만 급급하였다. 민씨 척족이, 그 이전에는 안동 김씨가 60년, 풍양 조씨에 의한 15년의 세도정치가 국정을 농락하였다. 이들 세력은 노론 벽파가 중심이었다.

또 한 번의 기회가 있었다. 마지막 기회였다. 1896년 독립협회가 설립되어 독립문을 세우고 『독립신문』을 발행하면서 국정개혁론을 제시한 데 이어 1898년 만민공동회를 개최하면서부터는 열강의 이권침탈을 비판하고 의회설립을 주창하였다. 처음에는 이완용 등 정부 각료들도 참석하고 고종이 호의적인 관심을 보이면서 지원하였다. 하지만 수구세력의 완강한 반대로 간부들이 체포되고 1898년 말 활동이 금지되었다. 마지막 개혁의 기회조차 놓친 것이다.

박은식은 40세에 언론계에 투신하여 순국할 때까지 27년 동안 국민정신의 계몽과 자주독립정신을 고취하기 위한 많은 논설을 썼다. 학자 언론인으로서 언론활동의 과정에서 국민계몽을 위한 민중교육, 국혼을 지키고자 하는 역사연구와 사론 집필, 실천적인 국권수호운동이 단계적으로 혹은 동시적으로 진행되었다.

민중계몽과 구국의 수단으로 언론을 택한 것은 지극히 현명한 방법이었다. 당시의 언론이 여러 가지 여건상 지극히 취약한 상태였지만 의열투쟁과 무장투쟁 말고는 언론만큼 효과적인 방법도 없었다.

그래서 그는 망명기에 가는 곳마다 신문사업에 관여하고 이를 통해 동포들의 애국심을 고취시켰다. 해박한 중국역사와 한학에 조예가 깊은 관계로 중국의 저명인사들과 교유하며 때로는 한·중인 합작 신문을 발행하고 중국신문의 주필을 맡아 두 나라 국민이 항일전선에 연대하도록 하는 많은 논설을 집필하였다.[1]

박은식의 사상과 활동에 관련해 연구가들은 몇 단계로 구분한다.

김기승의 사상적 변천과정
① 주자학 수학기

② 동도서기론적東道西器論的 입장

③ 자강론自强論과 대동사상大同思想 제창기

④ 망명 이후 세계인권의 평화주의를 내걸고 국혼유지
를 전개한 시기.[2]

최기상의 사회운동의 성격에 따른 구분

① 제1기(1859~1895): 수학 및 수양기

② 제2기(1896~1910): 애국계몽 운동기

③ 제3기(1911~1925): 독립운동기.[3]

유준기의 학문과 사상의 형성과정에 따른 구분

① 제1기(1859~1897): 전통 주자학 신봉기

② 제2기(1898~1910): 유교개혁운동, 애국계몽운동을 통
해 국권회복에 전력한 시기

③ 제3기(1911~1925): 해외독립운동과 역사서술시기.[4]

언론학자 최준은 박은식의 언론활동의 무대를 중심으로
첫째 황성신문활동기, 둘째 망명기, 셋째 임정참여기의 3기
로 구분하면서 제1기(1859~1898)는 주자학 수학기(40세까지),
제2기(1898~1910)는 언론활동과 계몽운동기(52세까지), 제3기
(1910~1925)는 망명독립운동기(67세까지)로 정리하였다.

박은식은 사회활동을 시작한 1898년부터 상하이 대한민국 임시정부기관지 『독립신문』의 사장을 마지막으로, 그리고 임정 대통령에 추대될 때(1925년)까지 27년 동안 대부분 항일언론 활동이 독립운동의 중심이 되었다.

이렇게 볼 때 언론활동의 시기는 다음과 같이 구분할 수 있다.

① 제1기(1898~1908): 국내에서 황성신문·대한매일신보·서북학회월보의 주필시기.

② 제2기(1911~1918): 망명지에서 『향강잡지香江雜誌』, 『국시보國是報』, 『구국일보救國日報』, 『사민보四民報』 등 망명신문 주필시기.

③ 제3기(1919~1925): 상하이임시정부 『독립신문』의 주필과 사장을 지낸 시기.[5]

'황성신문' 주필로 국민계몽·배일 앞장

박은식은 기울어져 가는 국가의 운명을 더 이상 방치할 수 없다는 판단으로 1898년 9월 남궁억·유근·나수연 등과 『황성신문』을 창간하고 얼마 후에 장지연과 함께 주필이 되었다. 당시의 주필은 오늘의 논설기자에 해당한다. 박은식은 이 신문에서 정부비판, 민중계몽과 점차 침략의 마각을 드러내는 일제를 신랄한 어조로 비판하였다.

장지연·남궁억·나수연·유근 등 개신유학적 배경을 가진 인사들은 우리나라에서는 처음으로 고금제股金制로 1898년 9월 5일 『황성신문』을 창간했다. 이들은 신문 창간을 위해 고표股票 5백을 발행하였으나 절반 정도가 모금되자 회사를 발족했다. 신문은 새로 인가를 받지 않고 이미 있던 신문의 판권을 물려받았다. 즉 윤치호가 1898년 3월 2일 『경성신문』을 창간하였다가, 국호가 대한으로 바뀐 뒤 제호를 『대한황성신문』으로 바꾸어 발행하던 것을 이들이 물려받아 합자회사 체제를 갖추어 『황성신문』을 낸 것이다.

재정이 충분하지 않아 이 신문은 초기에 주2회간 2면 3단제로 발행하다가 1899년 11월 23일자부터 판형을 4·6배판으로 바꾸고 4면 4단제를 실시했다. 구독료는 한 장에 엽전 5푼, 월 1량, 1년 선급 11량을 받았다. 이 신문은 한문에 익숙한 종류 이상의 지식층에게는 국문만을 쓰는 것이 오히려 불편하다고 하여, 국한문을 혼용했다.[6]

박은식이 어떤 경위로 저명한 '개신유학파'들과 합류하여 『황성신문』의 주필로 참여했는지는 불명하다. 독립협회에 참여한 것이 계기가 되었을 듯하다.

황성신문

백암은 이미 1898년 독립협회의 문교분과의 명단에 김윤식·신기선·이건창 등과 나란히 보이며, 앞서의 '동도시기파' 계열들과는 독립협회의 '소장·혁신·신진파'로서 지목되고 있었다. 그가 뒷날 서우西友·서북학회를 조직, 활약할 때에도 독립협회에 같이 참여했던 김명준·정운옥 등과 손을 잡은 것을 보면 그의 독립협회·황성신문에서의 활동이 그의 생애에 큰 변화를 주었던 것만은 사실이다.[7]

『황성신문』은 당시 세간에서 '숫 신문'으로 불렸다. 비슷한 시기에 창간된 『뎨국신문』(후일 『제국신문』으로 개칭)을 '암 신문'으로 불린 것과 대비되었다. 여성과 중류 이하의 서민들은 『뎨국신문』을 많이 읽고 상류층과 지식인들은 『황성신문』을 많이 읽으면서 나타난 현상이었다.

박은식에게 국내 언론활동 시기가 언론인으로서는 가장 활발한 '전성기'였다고 하겠다. 『황성신문』, 『대한매일신보』, 『서북학회월보』는 당시 국내 언론계에서는 가장 영향력이 큰 언론매체이었고 박은식이 활동을 할 때까지만 해도 어느 정도 언론자유가 보장돼 있던 시기였던 만큼 유교개혁, 국민계몽, 항일구국에 관해 자신의 신념과 사상을 강력하게 피력할 수 있었다.

그러나 제2기는 상하이와 홍콩, 해삼위를 오가는 험한 유랑의 처지에서 교포들을 대상으로 애국심을 고취하고 항일전선에 나서도록 하는 일종의 격문과 같은 글을 썼다. 중국 지인들의 요청으로 중국어 신문 『국시일보國是日報』의 주간으로 참여하였다. 망명지 교포신문의 대부분이 극심한 재정난으로 신문발간이 쉽지 않았지만, 생애에 가장 고통스럽고, 그러면서도 가장 보람 있는 시기였다고 하겠다. 이 시기에 많은 저술도 이루었다.

제3기는 언론활동이라기보다 독립운동시기였다고 하는 편이 정확할 것이다. 『독립신문』은 임정의 기관지로서 독립운동의 일환으로 신문이 발행되었고, 박은식은 학식과 신념에 있어 가장 적합자로서 주필로 선임되고 이어서 사장에 취임하였다. 얼마 후 임시정부의 제2대 대통령에 추대된 것만 보아도 임정에서 그의 위상을 어림하게 된다. 이 시기 역시 극심한 재정난으로 신문발행이 쉽지 않았고 발간된 신문은 우표값이 없어서 발송할 수가 없었다.[8]

'무장투쟁과 언론 연계' 논설로 제기

『황성신문』의 논설(사설)은 대부분 박은식이 썼다. 논설은 애국계몽사상이 주조를 이룬다. 그는 특히 애국계몽운동을 의병운동과 연결할 것을 주장하였다. 그는 일제 검열 때문에 '연무제진聯武齊進’이라고 표현하였는데, 이는 ‘무장운동과 연격하여 함께 나란히 전진하는 것’을 의미한다.

박은식은 일제의 침략을 비판하는 날카로운 필봉 때문에 일본 헌병대에 구금되었다가 풀려나오기도 하였다.

창간 때부터 1902년 8월까지 만 4년간 사장직을 맡은 남궁억은 재임 중 두 번이나 구속되었다. 2대 사장에는 장지연이 선임되었다. 송상도의 『기려수필』에는 박은식도 사장을 지낸 것으로 기술되었으나 아직 구체적 자료를 찾기 어렵다. 1904년 2월 24일 불평등한 ‘한일의정서’의 조인 내용을 보도했다는 이유를 들어 통감부의 게재금지 조치로 기사를 삭제 당해 문제된 기사의 활자를 뒤집어 인쇄함으로써 한국 언론사상 최초의 ‘벽돌신문’이 나오게 되었다.

1905년 11월 20일자 장지연의 「시일야방성대곡是日也放聲大哭」의 논설이 문제되어 정간을 당하고, 사장 장지연을 비롯하여 10여 명의 직원이 피체되었다. 이듬해 1월 장지연이 석방되고 발행정지도 해제되었으나 장기 정간으로 인해 재정난이 크게 악화되었다.

박은식은 이 무렵 『대한매일신보』에서 객원으로 논설을 집필하였으나 장지연이 끝내 사장으로 복귀하지 못하자 이 신문을 지키기 위하여 다시 『황성신문』의 주필로 복귀하였다.

박은식은 이후부터 폐간 때까지 『황성신문』의 주필로서 사실상 이 신문을 주관하였다. 『황성신문』은 심한 경영난을 겪다가 1910년 8월 29일 한일병탄이 강행되면서 신문제호가 강제로 『한성신문』으로 바뀌었다.

박은식이 쓴 것으로 추정되는 다음의 논설은 천부의 자유권을 강조한다. 당시 『황성신문』의 사상적 기조를 짐작할 수 있다.

> 우리 대한 인민은 언필칭 자유권이라 하니, 그 자유권을 능히 말하는 자가 과연 자유권이 어떤 것인지 알기나 하는지, 무릇 자유권이란 것은 하늘이 고르게 주시고 사람들이 모두 똑같이 가지고 있는 바라. 남의 권리를 빼앗는 자는 하늘을 거역함이요. 그 권리를 남에게 양도한 자는 하늘을 잊어버림이니 실로 근신하고 두려워할 바로다.[9]

박은식은 『황성신문』에 많은 논설을 썼지만 대부분 무기명이고 기명은 몇 편에 불과했다. 다음은 기명으로 쓴 「무망흥학務望興學」을 요약한 것이다.(원문은 국한문 혼용, 저자가 현대문으로 정리함)

> 본기자-신년에 들어 대한국가의 명운과 인민의 행복을 위하여 이를 희망하는 자는 국내에 학교가 증가하여 교육

이 흥왕함이로다. 현금 대한국세를 폄론하는 자가 누구인지 알지 못하게 되었다.

본기자 소견에는 단 교육 한 가지만 흥왕하게 되면 반드시 국맥을 회복하게 될 것이오 국난을 극복하게 될 것이다.

한국인으로서 감히 타인을 지배하지 않는 것이 국가사상이라면 독립의 광명을 누릴 것이오, 자유의 권리를 잃지 않으면 오로지 교육을 확대하여 민지民智를 발달케 함이 제1의 의무이다.

대저 교육의 힘이 수절한 국운을 만회하고 빈사한 인민을 소활케 한다. 한국인사는 장래 노예와 우마를 면하고 자유독립을 회복하고자 하거든 시급히 학교를 설립하고 교육을 진흥하시오.[10]

박은식의 공훈 중에서 언론관계는 국내에서나 망명지에서 가장 역점 사업으로, 많은 시간과 정력을 바친 분야이다. 그럼에도 다른 분야에 비해 조명이 덜 되고 다소 소홀히 취급된 것이 아닌가 여겨진다.

박은식의 언론활동은 초기의 애국계몽운동과 유학개혁, 민중교육의 수단으로 시작하여 민족자주와 일제의 침략야욕을 저지하고 자주독립을 위해서는 전족적全族的인 항일투쟁이 요구된다는 확고한 신념에서 전개되었다. 활동의 범위도 국내는 물론 망명 뒤에는 블라디보스토크와 만주, 홍콩, 베이징·상하이로 이어져 한족이 거주하는 여러 지역을 포괄하였다.

그럼에도 언론활동과 관련하여 조명이 덜 되고 지금까지 해외에서 발간된 각종 항일신문과 논설 중에는 아직 발굴되지 않거나 연구가 미치지 못하고 있음은 안타까운 일이다.

'대한매일신보' 주필시대

박은식은 『황성신문』이 「시일야방성대곡」의 사설로 통감부에 의해 정간되자 『대한매일신보』의 주필로 옮겨 각종 논설을 썼다. 그는 『황성신문』에 재직하면서도 『대한매일신보』에 여러 차례 기고하였다.

『대한매일신보』는 대한제국 말기인 1904년 7월 18일 영국인 배설裹說, Bethell, E.T.을 발행인 겸 편집인으로 하여 한글과 영문으로 발간된 종합 일간신문이다.

풍전등화의 국난을 타개하고 배일사상을 고취시켜 국가를 보존하고자 광무황제의 내탕금을 비롯, 민족진영 애국지사들의 적극적인 지원을 받아 창간하였다. 당시 일본군과 싸우는 의병활동에 대하여 사실대로 보도하는 등 일본의 침략을 매섭게 비판하여 일제로부터 심한 탄압을 받았다.

박은식은 총무로 있던 양기탁의 주선으로 주필로 영입되어 항일구국의 논설을 썼다. 다른 신문이 일제의 사전검열을 받았지만 외국인이 발행인인 관계로 이 신문은 비교적 자유로운 위치에서 일제 침략 세력에 맞설 수 있었다. 그러나 일제가 1907년 신문지법을 제정하여 내국에서 외국인이 발행하는 신문과 외국에서 한국인이 발행하는 신문 등을 압수 및 판매 금지할 수 있는 법적 근거를 마련하고, 이에 따라 배설과 양기탁을 구속한 데 이어 통감부가 양기탁에게 국채보상의연금을 횡령·사취하였다는 죄명을 씌워 기소하는 등 탄압을 자행하였다.

박은식은 1905년 8월부터 1907년 말까지 이 신문에 논객으로 재임하면서 선각적인 항일구국의 논지를 폈다. 그러나 1910

대한매일신보 편집국 직원들의 모습. 갓을 쓴 기자들의 모습이 이채롭다.

년 6월 14일 일제와 맞서 싸우던 배설이 물러나고 비서였던 영국인 만함Marnham, A. W.이 사장에 취임하였으나 1910년 6월 14일 갑자기 판권 일체를 이장훈에게 매도하고 한국을 떠났다.

이에 따라 양기탁과 박은식, 신채호 등은 신문에서 손을 떼게 되고 『대한매일신보』는 경술국치 다음날 '대한'의 글자를 떼어낸 채 『매일신보』가 되어 총독부 기관지로 전락하였다.

박은식이 『대한매일신보』에 기명으로 쓴 주요 논설제목은 다음과 같다.(괄호 안은 게재 시기)

△ 서우학회西友學會 취지서(1906. 10. 16)

△ 이씨 역사(1906. 10. 17)

△ 대한정신의 혈서(1907. 9. 25)

△ 대한정신의 혈서(속) (1907. 9. 26)

△ 교육학 서(1907. 10. 17)

박은식이 『대한매일신보』에 기명으로 쓴 「서우학회 취지서」(전문)와 「교육학서」(전문) 그리고 「대한정신의 혈서」(발췌)를 다음 장에서 소개한다.

3장

민중계몽
각종 학회 활동기

'대한자강회', '서우학회'에서 국민계몽운동

박은식은 『황성신문』과 『대한매일신보』의 주필로서 언론 활동을 하면서 다양한 사회계몽운동에도 참여하고 몇 권의 저서를 간행하였다. 1906년 3월에는 민중계몽단체인 대한자강회에서 활동하였다.

대한자강회는 윤호정·장지연·나연수·김상범·이준 등이 운영하던 헌정연구회를 확대 개편하여 발족하였다. 초대 회장에 윤치호를 추대하고 교육과 계몽에 힘써 민족적 주체의식을 높이고 국력을 배양함으로써 독립을 지킬 수 있다는 취지 아래 교육진흥과 산업발전을 기본강령으로 삼았다.

대한자강회는 정치활동에도 나서 정부에 대해 첫째 의무교육 실시 둘째 악질적인 봉건폐습 셋째 색깔 있는 복장 착용과 단발의 실시 등을 건의하였다.

박은식은 이 단체의 기관지 『대한자강회월보』에 여러 편의 애국계몽의 논설을 썼다. 「자강능부自强能否의 문답」은 당시 많은 화제를 불러 모은 글이었다.

문답 형식으로 된 이 글에서 박은식은 "어느 날 어느 때에 라도 이 사슬에서 벗어나서 독립의 지위에 오르고자 한다면, 우리 전국 인민 모두가 분발하는 마음과 인내하는 성품으로 국력을 양성하는 사업에 대해서는 백 가지 어려운 일이 있더라도 돌아보지 않고 한 마음으로 앞으로 나아가 스스로 도우므로 하늘의 도움을 얻기로 목적을 삼은 뒤에라야 자강을 얻을 수 있을 것이요. 독립을 회복할 수가 있을 것이다."」라고 역설했다.

박은식은 이해에 또 신석하·김달하·김병도·김명준 등과 함께 서우학회西友學會를 조직하여 평의원으로서 애국계몽운동에 힘썼다. 서우학회의 기관지 『서우西友』의 주필을 맡아 애국계몽사상을 고취하는 여러 편의 논설을 썼다. 「구습개량론」, 「인민의 생활상 자립」, 「본교의 측량과」, 「서우학회 취지서」, 「교육이 흥해야 생존을 얻는다」, 「문약의 폐해는 나라를 망친다」, 「사범양식의 급무」, 「노동 동포의 야학」 등을 꼽을 수 있다. 『서우』는 1906년 12월 창간호를 낸 후 1908년 1월까지 모두 14호를 발행, 박은식이 직접 집필·편집·제작을 하였다.

박은식은 『대한매일신보』에 「서우학회西友學會의 취지서」

를 실었다. 서우학회의 목표를 헤아리게 한다.

모든 물건이 외로우면 위태롭고 무리를 이루면 강하며, 합하면 이루어지고, 떠나면 패하는 것은 본래부터 그러한 이치이다. 하물며 지금세계에 있어서 생존경쟁은 천연天演의 일이요, 뛰어나면 이기고 용렬하면 패하는 것은 공례公例라고 한다. 이렇게 말하기 때문에 사회가 단체가 되고 안 된 것으로서 문文과 야野가 구별되고, 존망이 분별되는 것이다.

오늘날 우리가 격렬한 풍조를 당하여 크게는 국가와 적게는 자기 몸과 집을 스스로 보전하는 방법을 강구하자면 우리 동포 청년의 교육을 개도開導하고, 힘써서 인재를 양성하여 모든 사람의 지혜를 열어주는 것이 곧 국권을 회복하고 인권을 회복하고, 인권을 신장하는 기초가 되는 것이다.

그러나 이러한 중대한 사업을 일으키고 확장하고자 하면, 공중公衆의 단체력이 있어야 하는 것이지, 이것은 오늘날 서우학회를 발기한 원인인 것이다.

대개 우리나라에서 평안과 황해 두 도道를 양서兩西라고 한다. 우리 양서의 사우학회士友學會를 어찌하여 한성 중앙에 세웠는가? 일찍이 보건대 연래로 우리 양서의 시국을 근심하고 나라를 사랑하는 선비들이 시무에 대하여 그들의 뜻을 기울여 학교를 서로 계속하여 세웠다. 이것을 딴 지방에 비교하면 조금 진보된 감도 있었다.

그러나 그 실상을 살펴보면 혹 교과서도 통일된 과정이 서 있지 않으며 혹 경비의 자금도 오래 계속할 예산이 서 있지 못해서 시작만 있고 끝을 맺지 못하는 곳도 있다.

해외로 나가서 유학遊學하는 청년들은 뜻이 있고 열심히 하여 모두 칭찬할 일들이 많지만, 간혹 어제 갔다가 오늘 와서 한갓 자금만 소비할 뿐 아니라, 외국사람의 웃음을 사는 자도 있으니, 이것은 중앙 한복판에 남을 움직이고 이끌어주는 기관이 서 있지 않은 연고이다.

우리 학회의 위치가 한성 중앙에 있는 것은 이름난 사람의 교무를 이루고 유학하는 청년을 지도하고 장려하자는 것이다. 그러나 자제들의 교육을 철저히 발달시키고자 하면 먼저 그 부형의 열심을 격동시켜서 주린 자가 밥을 먹고 목마른 자가 물을 마시는 것과 같이 이것을 얻으면 살고, 이것을 얻지 못하면 죽는 줄로 여기게 한 뒤에, 자체의 교육을 위해서 수고로움을 아끼지 않고 재물에 인색하지 않고서 힘을 다하여 일해 나가야 할 것이다.

그런 때문에 본회에서 매월 잡지를 발간하여 학령이 이미 지난 사람들이 사서 보도록 공급해 주어서 보통 지식을 넣어주고자 하는 것이니 이것도 한성의 중앙에서 사방의 견문을 접수해서 편집하여 발행하는 것이 편리할 것이다.

그렇게 하면 사회의 조직은 공중公衆의 식견을 교환하고, 공중의 역량을 연합해서 사업을 경영하는 좋은 결과를 얻고자 하는 것이다. 그러니 여기에 힘을 기울이자면 우리 한국의 전국 십삼도를 한 개의 대단체로 결성해서 보통교육을 한결같이 확장시키는 것이 가장 아름다운 사업인 것이다.

그런데 하필 양서에 국한해서 구구한 적은 범위에 그치고 말 것인가. 그러나 현재 우리 한국의 형편이 조금이라도 개명했다는 사람은 오히려 적은 부분에 속하고 미개한 자가 아직도 다수를 차지한다. 그래서 전국적인 단체는 갑자기 성립시키기가 어려운 것이다.

대체로 풍기風氣가 처음 열리자면 반드시 먼저 시작되는 곳이 있어서 그밖의 방면으로 유통되고 연결되는 것이다. 옛날 단군·기자의 세상에서는 우리 관서가 먼저 인문人文을 연 곳이다. 오늘날 또 개명하고 유신하는 시초이니, 이 나라 안의 신문화의 일어남도 반드시 여기에서부터 시작될 것이다.

그런 때문에 한줄기 광선이 이미 그 단서를 나타냈거니와 오늘날 이 학회의 성립이 또한 어찌 우연한 일이겠는가? 이는 전국의 진보의 시작인 것이니, 이로 말미암아 나라 사람들의 이목이 그 보고 듣는 것을 모으고 서로 감발感發하는 마음과 이기기를 다루는 뜻으로 내일에는 삼남에 학회가 일어나고 재명일에는 동복에 학회가 일어나서 백줄기 맥의 한 기운과 모든 흐름의 한 근원으로서 전국의 대단체가 이루어지는 것이 우리의 하나의 큰 희망인 것이다.

그러나 이 목적을 달성하자면, 본 학회가 완전하고 공고하게 그 실효를 나타내서 딴 지방의 표준을 세우는 데 있는 것이다. 그러자면 우리 사우社友의 책임이 더욱 중대한 것이니 생각하고 힘쓸지어다.[2]

'학규신론' 펴내고 '서북학회' 조직

박은식은 이 무렵 한 권의 저서와 번역서를 펴냈다. 1904년 11월 박문사에서 출간한 『학규신론學規新論』은 1900년에 저술한 것을 개고를 거듭하여 간행하였다. 교육과 종교에 관한 문제를 13항목으로 나누어 논술한 내용으로 정통유학사상에서 개신유학사상을 제시한 매우 중요한 저술이다. 당시의 명문 장가 이기李沂와 김택영金澤榮이 서문을 썼다. 『학규신론』의 번역서는 중국인 정철관鄭哲貫이 지은 『서토건국지瑞士建國誌』를 번역한 것이다. 「배움은 활동적이어야 하는 것을 논함」 제하여 서두 부문을 소개한다.

천지의 기운이 활동해서 만물이 생기는데, 그 중에서 사람이 가장 신령스러운 존재이다. 그 활동의 밝은 것을 얻어서 마음이 되고, 활동의 힘을 얻어서 몸이 된 것이다. 그렇기 때문에 사람의 활동은 천지의 기운과 함께 유행해서 쉬는 법이 없다. 이와 같은 이치에 순응하여 그 밝은 마음을 개발하고, 그 힘을 배양하는 것이 곧 교육인 것이다.

그러므로 몸은 단련할수록 굳세지고 마음은 쓸수록 밝아진다. 얼른 생각하기에 날마다 단련하면 몸이 지칠 것 같고, 날마다 쓰면 마음이 쇠해질 것 같지만, 실지에 있어서는 이것과 반대이다.

그렇다면 날마다 단련하면 굳세지고, 날마다 쓰면 밝아진다는 것은 무슨 까닭인가? 그 몸과 마음이 본래 활동하기 때문인 것이다. 단련하면 더욱 굳세지고, 쓰면 더욱 밝아지는 것은 그 타고난 성품에 따르는 것이며, 결코 그 성품에 거슬리는 것이 아니다.[3]

박은식이 『서우』에 쓴 주요논설 제목과 게재 시기는 다음과 같다.

논설명	연월일	게재호수
사설	1906. 12	제1호
교육이 불흥이던 생존을 불득	1906. 12	제1호
인물고	1907. 1	제2호
구습개량론	1907. 1	제2호
아동고사(我東古事)	1907. 1	제2호
을지문덕전	1907. 1	제2호
동명성왕의 유적	1907. 2	제3호
진의록	1907. 2	제3호
양만춘천	1907. 2	제4호
기회	1907. 3	제4호
비희(悲喜)	1907. 3	제4호
전라시조	1907. 3	제4호
김유신전	1907. 3~7	제4~8호
사범양성의 급무	1907. 4	제5호
탐라국	1907. 4	제5호
축 의무교육 실시	1907. 6	제7호
인민의 생활상 자립으로 국가자립을 성함	1907. 7	제8호
선덕여왕	1907. 7	제8호
평양과 개성의 발달	1907. 8	제9호
화랑, 만파식적	1907. 8	제9호
온달전	1907. 8	제9호
문약지폐(文弱之弊)는 필상기국(必喪其國)	1907. 9	제10호
죽장능, 서출지	1907. 9	제10호
장보고와 정년전	1907. 9	제10호
경성고탑	1907. 11. 10	제11호

논설명	연월일	게재호수
강감찬	1907. 11. 10	제11호
의랑암(義狼岩)	1907. 11. 11	제12호
김부식	1907. 11~12	제12~13호
예맥	1907. 12	제13호
명주곡	1908. 1	제14호
이순신	1908. 1	제14호

『서우』에 게재된 논설[4]

학교 세우고 교육구국운동 전개

박은식은 글로서만 개화·배일을 주장한 것이 아니었다. 서우학회 산하에 사범속성과 야학교를 설립하여, 25~40세 전후의 애국청년들을 모집하여 긴급히 교사를 양성해서 각 지역의 사립학교에 애국적 교사들을 보내었다.[5]

박은식은 50세가 되는 1908년 1월 자신이 지도하던 서우학회와 이준 등이 조직한 한북흥학회를 통합하여 안창호·이갑 등과 서북학회西北學會를 조직하고 초대 회장으로 선임되었다. 서북학회는 『서북학회월보』를 발행하고 순회강연을 통해 국민계몽 활동을 벌이면서 배일사상을 높이는 데 큰 기여를 하였다.

이에 영향을 받아 기호학회·관동학회·호남학회·국민교육

회 등 각종 학회가 조직되었으며 1910년 일진회가 한일합병 지지토론회를 열고 한일합병을 주장하자 서북학회는 맹렬히 반대운동을 전개하였다.

『서북학회월보』의 주필을 맡은 박은식은 많은 글을 썼다. 『서우』가 제14호 발간으로 문을 닫게 되자 '월보'는 1908년 2월호를 창간하여 1910년 5월호까지 발행하였으나 제4호가 일제에 의해 압수되는 등 고초를 겪다가 병탄과 함께 문을 닫았다. 『서북학회월보』에 쓴 글을 보자.

논설명	연월일	게재호수
서북학회취지서	1908. 2.	제15호
노동동포의 야학	1908. 2.	제15호
백두산 고적	1908. 5.	제17호
휴정대사전	1908. 6.	제1권 제1호
물질 개량론	1909. 1.	제1권 제8호
유교구신론	1909. 3.	제1권 제10호
고구려 시사(詩史)	1909. 7.	제1권 제14호
동양의 도학원류	1909. 10.	제1권 제16호

『서북학회월보』에 게재된 논설[6]

이 시기 박은식은 신채호와 더불어 신학문·언론·교육·국민 계몽 등 개화자강사상의 거두로서 활동하였다. 일제의 국권침탈이 목전에 도달한 국가위난기에 그의 각종 논설은 국민을 각

서북학회월보

성시키고 배일감정을 불러일으키는 데 촉매제 역할을 하였다.

박은식은 위정척사사상과 완고한 유림을 비판하고 신학문만이 나라를 구할 수 있다는 신념과 철학으로 각종 논설을 쓰고 지방을 순회하여 강연을 하였다.

박은식은 서양의 사상으로서는 사회진화론과 계몽사상과 모든 과학사상을 적극적으로 받아들이었다. 그는 조선왕조의 학문으로서는 다산 정약용과 연암 박지원을 비롯하여 실학자들을 가장 높이 평가하고 그 학습을 요청했으며, 중국의 경우는 양계초의 주장이 중국을 구하는 방책이라고 이를 높이 평가하고 그를 소개하였다.

박은식은 이러한 변법적 개화자강사상의 관점에서 자기나라와 민족을 구하기 위하여 그 자신의 교육구국사상과 실업구국사상을 정립하였으며, 장기적 안목으로 사회관습의 개혁까지 주장하였다.[7]

이 시기 박은식의 활동범위는 대단히 넓고 다양하였다. 한성사범학교 교원으로 청년들을 가르치고, 1908년에는 서북협성학교의 교장으로 부임하여 새 인재 양성에 심혈을 기울였다.

협성학교는 평양의 대성학교와 같이 서울에 세운 한말 애국계몽인사에 의한 교육에 뜻을 둔 것은 그의 학자로서의 자질 탓이기도 하나, 그보다도 관직보다는 민족과 국가를 구하려는 민족주의 행동으로 민중 속의 애국 민족혼과 신문화의 계몽사상을 전파하려는 의도일 것이다.[8]

유교개혁 제시한 '유교구신론'

박은식이 1909년 3월 『서북학회월보』(제1권 제10호)에 쓴 「유교구신론儒敎救新論」은 "한말 유교의 근대화 내지 조선화운동을 주도한 중요한 논문으로서 많은 논쟁을 불러일으켰다. 이 논문에서 공자의 대동주의大同主義와 맹자의 민위중지설民爲重之說에 의거하여 민중적 유교로, 세계를 대상으로 하는 적극적인 유교로, 양명학에 입각한 실천적인 유교로 개혁할 것을 주장"[9]했다는 평을 받는다.

만해 한용운의 「불교유신론」이 불교의 근대적 개혁론이라면 박은식의 「유교구신론」은 퇴폐한 유교의 현대적 개혁론을 제시한 참신한 담론으로 인식되었다.

박은식은 한말 국가가 왜적의 침략으로 누란의 위기에 빠지게 되자 조선 500년의 국학이 되어온 유학의 개혁이 시급함을 절감하였다. 조선 사회 주도층은 여전히 유림들이고, 유림 사회의 변혁 없이는 국난극복이 쉽지 않다는 점을 체감할 것이다.

국가가 존립의 위기에 처하자, 박은식은 위기적 국면을 극복할 수 있는 새로운 사상을 찾아 강구해왔던 것으로 보인다. 그것은 전통적, 보수적 유교로는 이러한 난국을 수습할 수 없을 뿐만 아니라 새롭게 변화하는 시대정신과도 맞지 않았다.

이러한 가운데 1906년 어느 날, 병석에서 양명학을 자득하고 이를 통하여 신학문에 적응시키고 유교문화를 확립하여 궁극적으로 국권회복과 근대화를 동시에 추구하고자 하였다. 결과적으로 그가 양명학을 수용하게 된 직접적인 계기는 을사늑약으로 국권이 상실된 것에 자극된 것으로 생각된다.

이와 같은 사실은 박은식이 종교의 중요성을 강조하고 유림과 유교의 대개혁을 국권회복이라는 문제의식과 관련시켜 주장한 것에서도 알 수 있다. 이렇게 양명학을 유교개혁의 이념으로 선택한 후에는 유교개혁을 실천할 수 있는 이론을 세우기 위하여 『서우』, 『서북학회월보』 지상에 양계초의 글을 번역해 싣기도 하였다.[10]

박은식의 양명학에 대한 학문적, 실천적 관심은 「일본 양명학회 주간에게」라는 글에서도 잘 나타난다.

첫째, 세계가 발전하여 복잡한 이 시대에는 시간과 능력이 제한되어 있으므로 지리支離하고 한만汗漫한 주자학보다는 간이직절簡易直切한 양명학이 적합하다는 것이다.

둘째, 종전의 유학이 주자학에 너무 치우친 나머지 활기가 없고 인문을 떨치지 못했기 때문에 이를 변화시켜 새로운 문화창조에는 양명학이 적합하다는 것이다.

셋째, 오늘날 사회는 혼탁하고 원기가 허약해져서 각종 이설이 난무하여 국민들이 방향을 잡지 못하고 있기 때문에 국민들의 뜻을 하나로 모으고 교육계에 새로운 방향을 제시해 주는데 양명학이 적합하다는 것이다.

넷째, 오늘날 전세계 각국이 물질문명에 극단화되어 도덕이 문란해지는 시기에 도덕을 밝히고 인도를 유지하여 백성에게 행복을 주고자 하던 양지良知의 학인 양명학을 선택해야 한다는 것이다.[11]

'대한매일신보'에 쓴 논설 두 편

박은식이 『대한매일신보』에 쓴 여러 편의 논설 중에서 두 편을 골랐다. 첫 번째는 「교육학 서」이고 두 번째는 「대한정신의 혈서」이다.

교육학 서序

교육학이란 무엇인가, 사범師範의 학문이다. 무엇 때문에 사범의 학이라 하는가. 교육자에게 의뢰하기 때문이다. 진실로 사범의 학이 교육에 의뢰하지 않는다면 비록 공·사립학교가 늘어서서 나라의 자제들이 전부 취학한다 하더라도 마침내 인재를 파괴하고 인민의 지혜를 막을 뿐이니 어찌 그것이 교육의 실효라 하겠는가. 이런 까닭에 세상 사람들이 시대를 인식함에 시대의 의무는 교육이라 아니할 수 없으니 교육하여 사범을 양성함이 최대의 급선무다.

슬프다, 예로부터 우리 대한의 교육은 대개 아리송한 것이니 인가의 어린 자제로 하여금 그릇되고 눈 어두운 촌학구村學究에게 맡기며 그 교과목이 단지 『천자문千字文』, 『고문진보』, 『사략』, 『통감』 등의 책자이고 그것을 외우기만 하고 의미를 궁구하지 않으니 밤낮으로 죽도록 외우더라도 깨우치고 지혜를 증진시키는 데는 아무런 이익도 없대한매일신보 창간호. 박은식은 여기에 여러 편의 논설을 썼다.

다. 그 위에 회초리로 매우 쳐서 두뇌가 망가지고 정신이 손상되며 꾸짖는 폐습만 능사가 되어 감옥과 다름없게 하니 자연히 그 자제들은 학문을 지극히 싫어하며 책을 말아 도망가고 싶어한다.

양계초梁啓超가 말한 바, 못된 무리인 향원鄕愿이 족히 천하를 망치지 아니하고 오직 학구가 족히 천하를 망친다고 하였으니 천하를 구하고자한다면 마땅히 학구를 창시하는 자는 어찌 그 말을 믿지 않을 것인가.

저 태서泰西의 교육방법을 관찰해보면 극히 간편하고 절실하며 완전하고 두루 갖추어 가정교육·학교교육·사회교육으로 열심히 공부하고 놀고 쉰다. 체육은 신체의 건강함을 요점으로 하고 지육智育은 지식의 발달을 요점으로 하고 덕육德育은 덕성의 순수함을 요점으로 하여 그 학문됨이 저같이 편이하고 그 효과가 저같이 다대하니 이는 개인이 발달함으로써 사회가 발달하고 국가가 발달하며 나아가서 문명의 부강함을 이루는 것이다.

오호라, 세계문화가 크게 약진하고 우리 대한의 인사는 시국을 크게 관찰하여 급선무를 강구하고 모두 급히 학교를 설립하여 교육을 진흥하나 사범이 될 만한 인재가 크게 부족하니 어쩌랴.

최광욱 군이 일찍이 큰 뜻을 품고 바다를 건너 유학하

기를 여러 해 보내는 동안 빨리 돌아가고자 평상과 삿자리에 누워 쉬었으며 동포를 교육하고자 하는 뜻이 목마름보다 심하여 이에 몇몇 동지와 더불어 사범강습소를 평양에 설립하여 각 학교에 교수의 자질을 가진 인재를 공급하고 또한 해서海西의 안악군에 사범강습소를 설립하여 날로 그 부지런함을 보이더니 다시 사범에 있어서의 교육학의 요점을 취하여 책을 서술하고 간행하여 강습의 지침이 되게 하니 그 뜻이 더욱 도탑다.

슬프다. 최군의 뜻이 더욱 세상에 발전하게 된다면 청년사회에 그와 같은 아름다운 은혜가 어찌 이에 그치겠는가. 그러나 이것을 읽는 사람은 교육의 문에 뜻을 얻을 것이로되 능히 문자 밖에 있는 작자의 마음을 아는 자는 과연 얼마나 되겠는가.[12]

대한정신의 혈서血書

한번 나고 죽는 것은 곧 이치인데, 사람마다 죽음을 두려워하는 심정이 있는 것은 무엇때문인가? 이것은 다만 살고 죽는 것이 빠르고 늦은 동안에 육체상 구차히 살고 한가로움을 얻는 즐거움이란 것만 알 뿐이요, 정신적으로 죽지 않는 것이 있다는 것은 모르는 것이다.

내가 죽어야 할 곳에 죽는다면 몸뚱이는 삼척의 시체에

지나지 않지만 그 정신은 억년이 되어도 썩지 않아서 영구히 죽지 않는 사람이 될 것이다.

모든 혈성血性이 남아돌아, 모든 천하의 일이 비상한 원인이 있은 뒤에라야 비상한 결과가 있는 법이다. 서양 속담에 말하기를 "하늘이 중생들을 보고, 네가 하고자 하는 것을 내가 다 줄 것이나 마땅히 그 댓가를 바치라" 했다. 이것은 가위 격언이라 할 것이요, 모든 가치 중에 핏값을 제일이라고 주장한 것이다.

십자가 위에서 그리스도가 만일 피를 흘리지 않았던들 지금까지 오는 이십세기 동안 종교옹宗敎翁이 되지 못했을 것이요, 동서양 모든 나라에 문명하고 태평한 정치를 한자도 모두 피를 흘림으로써 이루어지지 않은 자가 없다. 그러니 어찌 노력하지 않고 얻는 자가 있겠는가?

아아! 권우의 한 손가락에서 흐른 피가 반드시 후일에 가서 광영이 있을 것이다. 한 말 곡식이나 한 마리 생선도 반드시 값이 있는 법인데 하물며 천금같은 귀한 몸뚱이에서 손가락 마디를 끊는 것이 어찌 한 말 곡식이나 한 마리 생선만 못하겠는가. 대한정신이여! 응당 끝없이 사라지지 않을 것이다.

아아, 권우여! 고생하는 마음과 뜨거운 피로 실력을 배양하기를 쉬지 말고 비록 모진 바람이나 난리를 만나더라도 처음 가졌던 본래의 뜻을 바꾸지 말아서 기어이 하늘을 흔들고 땅을 움직이니 아름다운 이름을 이룰지어다. 일찍이 면식이 없으나 가을날 갈대꽃에 생각하는 마음이 끝이 없노라.

짧은 글로 내 뜻 말하면서 오직 다시 바라는 바는, 그 학교 일을 맡아보는 제군들은 더욱 그 학교를 유지할 방침에 대하여 힘을 쓰고, 혹시라도 중간에서 그만두는 일이 없게 하라. 그리하여 마침내 대한정신과 함께 움직이고 같이 달려 나아간다면 곧 국가에 몹시 다행한 일이다.

아아, 전국의 동포여! 너는 대한정신을 모르는가, 아니면 대한정신을 보지 못할 따름인가? 아아, 대한정신이여! 너는 영구히 대한민국 동포를 잊었는가? 아아, 동포여! 너는 스스로 실력을 길러서 너의 정신을 구할지어다.[13]

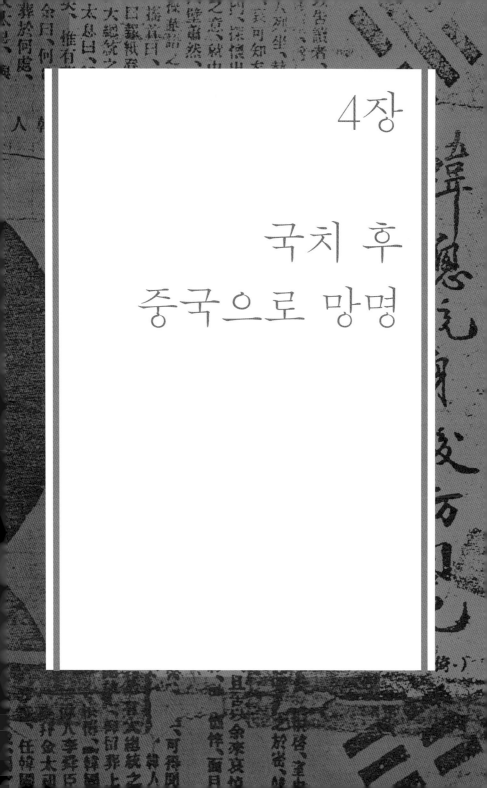

4장

국치 후
중국으로 망명

'왕양명 선생 실기' 집필, 양명학의 고전

박은식 등 우국지사들의 분투에도 불구하고 1910년 8월 29일, 을사늑약 후 간신히 명맥만 유지하던 대한제국은 멸망하였다. 망국노가 된 그는 몇 가지 준비를 서둘렀다. 『황성신문』·『대한매일신보』·『서북학회월보』 등 그가 관계하던 언론이 모두 폐간되거나 변질됨으로써 더 이상 글을 쓸 수 있는 매체가 없었다. 글을 쓸 상황도 아니었다.

그 대신 틈틈이 써왔던 『왕양명王陽明선생 실기』를 마무리하여 최남선이 주관하는 『소년』 제4년 제2호부터 연재하다가 단행본으로 출간하였다. 『소년』은 1908년 11월 1일 창간된 본격적인 월간지다. 한성신문관에서 최남선이 소년들을 교도하기 위해 창간한 이래 국권회복 기사로 몇 차례 압수·발행금지를 겪다가 박은식의 글 등이 문제가 되어 1911년 통권 23호로 폐간조서 낭하였다.

박은식은 40세를 분기로 하여 전통주자학에서 양명학으로 사상적인 전환을 하였음은 앞에서 기록한 바 있다. 『왕양명선생 실기』는 왕양명의 전기이기도 하지만, 박은식의 양명학에 관한 연구서였다.

박은식이 추구하는 양명학의 요체는 '치양지致良知'라는 말에 집약되었다. 그는 '양지'를 사람 마음의 중심으로 보았으며, 사람이 양지를 가진 것은 바로 하늘이 태양을 가진 것과 같다고 하였다. 그는 사람이 양지를 깨달아 이를 행行하는 것이 모든 진리의 본체라고 믿었다. 따라서 양명학의 지행합일론知行合一論이야말로 조선 유생들의 시급한 과제라고 제시하였다.

박은식은 이와 더불어 서양의 사회진화론을 수용하면서 사회진보의 개념을 양명학과 연결시키고자 하였다. 그는 "감히 단언하건대 동서학계에 오직 왕학王學(양명학)이 독일무이한 법문法門이 된다."[1]라고 말하고 왕학이 금일에 있어서도 독일무이의 양약이라고 거듭 주장하였다.

박은식은 『왕양명선생 실기』에서 왕양명의 생애와 사상을 한말 조선의 현실적 과제와 직결시키면서 체계적으로 서술하였다. 146쪽에 달하는 이 책은 국한문 혼용으로, 이 책은 몇 가지 면에서 주목되고 있다.

첫째는 문체상으로 볼 때 박은식의 다른 저술과 함께 이 저술이 한말 국한문 혼용체에서 어떤 위치를 차지하고 있 는가 하는 점이다. (…) 한말 문체상에서 어떤 위치를 접하 고 있는지, 앞으로 검토의 대상이 되어야 할 것으로 본다.

또 하나는 한국의 양명학사상사에서 『왕양명선생 실 기』가 갖는 위치라 할 것이다. 박은식의 양명학은 "이건창· 이건방 등 강화학파의 양명학 전통과 관련"되고 있는 것으 로 지적되고 있다. 이 『왕양명선생 실기』는 시기적으로 보 면, 앞서 말한 강화학파의 양명학전통과 그 뒤에 나오는, 역시 강화학파의 일원으로 간주될 수 있는 정인보의 「양명 학연론」(1933. 9. 8~12. 17일까지 동아일보에 연재) 사이에 위 치지을 수 있는 문헌이다. 따라서 한국 양명학사상사에서 박은식의 이 책이 갖는 위치가 어떤 것인지, 앞으로 여기에 대한 연구도 필요하다고 본다.[2]

박은식이 국망 직후에 『왕양명선생 실기』를 펴낸 것과 관 련, 한 연구가의 분석이다.

박은식이 자기 시대에 구태어 양명학으로 유교구신을 하려고 한 것은 명백히 유교내의 전통을 국권회복이라는 자기 시대의 민족적 과제의 해결에 동원하려는 깊은 사상이 있었음을 간과하지 않아야 할 것이다.

일제에게 국권을 박탈당하고 국망의 위험 앞에서 '국권회복'이 전민족의 과제임은 번잡한 설명과 궁리가 없이도 '양지'만 있으면 누구나 자각할 수 있는 것이며, 국권회복을 위한 투쟁에 나서는 데는 '끊임없고' '쉬임없는' 적극적 '지행합일'이 절실히 요청된 것이었다.[3]

53세 망명, 고대사 연구

박은식은 1879년(21세) 이씨와 결혼한 이래 언론·교육·계몽활동 등 분주하게 국권회복운동을 하느라 가족을 돌볼 여가가 없었다. 가정은 언제나 빈한에 처하고, 그러던 중 1911년 4월 부인이 사망하였다.

부인의 장례를 치른 박은식은 5월에 은밀히 압록강을 건너 서간도의 환인현으로 망명하였다. 망명길을 떠나면서 일제가 자신의 저서는 물론 조선의 국사 관련 서책을 모조리 수거하여 불태우는 망국의 현실을 개탄하여 "국체는 수망雖亡이나 국혼 불멸하면 부활이 가능한데 지금 국혼인 국사책마저 분멸하니 통분 불기라. 일언일자의 자유가 없으니 오로지 해외로 나가서 4천년 문헌을 모아서 편찬하는 것이 오족의 국혼을 유지하는 유일한 방법이다."⁴라고 생각하며 국경을 넘었다.

그곳에는 독실한 대종교大倧敎의 지도자 윤세복이 자리 잡고 있었다. 그는 국치 이후 가산 수천 석을 정리하여 남만주로 옮겨 환인현에 교당을 설립하여 포교에 힘쓰는 한편, 환인현에 동창학교, 무송현에 백산학교, 북만주에 대흥학교 등을 세워 민족교육에 전념하고 있었다. 얼마 후 그는 대종교 3대 교조로 취임하여 일제와 치열하게 싸웠다.

환인현은 고구려의 첫 국도이고 발해의 서경西京인 압록부의 옛 터전이었다. 윤세복은 이곳에 대종교의 기틀을 마련하고, 박은식은 이곳을 찾아 첫 망명지로 택하였다. 박은식은 대종교의 신자가 되었다.

환인·환웅·환검(단군) 즉 단군 숭배사상을 기초로 삼신三神하는 대종교는 1909년 흥암대종사 나철에 의해 창도되었다.

나철은 일제의 침략이 날로 심해지는 것을 지켜보고 고려시대의 몽골 침략 이후 700년간 단절되었던 국조 단군을 모시는 단군교의 문을 열었다. 일제의 한국 병탄에 분개한 나철은 구월산에서 자결했고, 2대 교조 김교헌이 일제의 탄압으로 교단의 총본사를 환인현으로 옮겼다.

박은식이 대종교를 믿게 된 것은 "민족정신과 민족근원을 찾으려면 단군에 뿌리를 두어야 한다"는 생각에서였다. "박은식이 언제부터 대종교에 가입했는지는 분명치 않다. 그러나 그는 유근이나 김교헌과의 교우를 통해 망명 이전부터 대종교를 체득하고 있었으며, 망명을 전후하여 정식으로 입교한 것으로 추측된다."[5]

대종교에 입교한 박은식은 그곳 각지에 흩어진 고구려와 발해의 유적을 탐사하고 고전과 사서를 조사·연구하여 '6·7종六七種'의 사서를 저술하였다.[6]

이때에 저술한 책이 『대동고대사론』, 『동명성왕실기』, 『명림탑부전』, 『천개소문전』, 『발해태조건국지』, 『몽배 김태조』, 『단조사고檀祖事攷』 등이다. 박은식은 이곳에서 7개월 동안 머물면서 이토록 많은 저술을 남겼다. 그중『동명성왕실기』는 현재 전하지 않는다.

박은식이 짧은 기간에 우리 고대사와 단군 관련 저술을 할 수 있었던 것은 넓고 깊은 기본적인 학식과 단군교에 뿌리를 둔 대종교에서 수집한 각종 자료·서책에 힘입은 바 컸을 것이다. "박은식의 이와 같은 민족고대사 연구의 현실적 목적은 그가 '대동人東'이라고 표현한 서북간도를 비롯한 남북만주와 요동평야가 다 '대동민족'이라고 개념한 한민족의 고대 활동지였음을 규명함과 아울러 그곳에서 민족문화를 처음으로 이룩하고 발전시켰음을 실증, 그곳을 민족운동의 새로운 기지로 건설하려는 의도가 내포된 것이며, 나아가 이를 바탕으로 민족독립운동의 이념체계를 역사적으로 정립해 보려는 것이었다."[7]

한민족의 원류 '대동사상' 정립

박은식은 망명 이전부터 '대동사상'에 많은 관심을 보였다. 그는 뒷날 망명지에서 '대동보국단'을 조직하여 단장으로 취임하고, 대동교를 창설하기도 하였다. "박은식의 대동사상은 공자의 대동사상을 안으로 율곡 이이의 대동론과 특히 강유위康有爲의 영향은 매우 컸던 것으로 보인다."[8]

박은식의 고대사를 연구한 한 학자는 그의 대동사관의 맥을 정리한다.

> 박은식은 만한일국滿韓一國, 만한동족 인식을 바탕으로 한 만한사관을 지니고 있었다. 그는 '대동大東'의 어의를 '만한통칭'이라고 부연하였다. 즉 대동이란 한반도는 물론 만주 전체까지 포괄하는 개념으로 설정한 것이다. 그리고 당시 우리 동포가 만주 대륙으로 이주하여 학숙을 개설하여 자제를 교육시키고 문명풍조가 파급되는 등 서로 개통된 것은 우연이 아니라, 원래 이곳이 선조의 옛 땅이었기 때문이라고 해석하였다. 그리고 그는 조선족과 만주족이 동족임에도 불구하고 오랫동안 떨어져 살며 언어와 풍속이 달라져 다른 민족처럼 된 사실을 안타까워하였다.[9]

이와 관련 박은식의 저서 『몽배 김태조』의 한 대목이다.

> 오호라. 우리 조선족과 민주족은 모두 다 단군대황조의
> 자손으로 오랜 옛날에는 남북으로 나뉘어 서로 경쟁하기도
> 했고, 또 서로 통하기도 했는데 필경은 통일이 되지 못하고
> 분리되면서 두만과 압록을 경계로 이루어 양쪽의 인민이
> 왕래도 하지 못하고 각기 살은 지가 천여 년이 되었다.
>
> 이에 따라 풍속이 같지 않게 되고 언어가 통하지 않아
> 서로 남 같이 생각하면서 다른 종족처럼 되었다. 여기에 더
> 하여 쇄국시대에 폐쇄된 정책으로 인하여 서로 넘나드는
> 것을 법으로 엄히 다스려 혹 월경하는 자가 있으면 주살을
> 하였는데 탐관은 이를 이용하여 인민의 재산을 약탈할 목
> 적으로 잠상潛商이라 또는 범월犯越이라는 죄명을 씌워 무
> 고한 인민의 피를 두만·압록강변에 뿌린지 삼백여 년이 되
> 었다.[10]

박은식은 독립운동의 전 시기에 걸쳐 신문·잡지에 역사관
련 논설 170여 편을 발표하고 21종의 저술을 남겼다. 대부분이
민족주의 역사인식에 바탕 한다. 신채호와 더불어 민족주의 사
학의 개척자로서 '민족사관'의 원류가 되고 있다. 한 대목을 더
보자.

민족이 있은 이후에 역사가 있으나 역사가 없으면 민족도 없게 된다. 역사란 민족의 정신을 말하는데 먼저 조국의 역사가 있고 그 후에 애국정신이 있게 되며 동족의 역사가 있어야 민족을 사랑하는 정신이 있게 되며 독립적인 역사가 있어야 독립적인 정신이 있게 되며 자존의 역사가 있어야 자존의 정신이 있게 된다.

이 때문에 신성한 민족은 꼭 신성한 역사가 있는 법이다. 만약 한 민족이 역사적인 정신을 소유한 것이 없고 애국애족의 정신, 독립적인 자존의 정신 등이 없으면 여러 민족과의 경쟁 속에서 생존할 수 없게 되며 다행히 생존할지라도 다른 민족의 노예 혹은 천종賤種으로 전락하지 않으면 다른 민족에 동화될 것이다.

이 때문에 역사가 없으면 민족도 존재할 수 없다고 말할 수 있으니 그 관계가 진실로 어떠한가?[11]

5장

상하이에
독립운동
둥지 틀다

동제사 창설하고 박달학원 세워

박은식은 간도 환인현 홍도천에서 일련의 저술을 마치고, 중국 각지에 망명 중인 여러 지사들과 만나 독립운동의 방략을 논의하고자 1912년 3월 현지를 떠났다. 베이징·톈진·상하이·난징·홍콩 등지를 순방하면서 우국지사들을 두루 만났다.

베이징에서는 동지 조성환의 집에 머물던 중 수색을 받아 중국 경찰청에 끌려갔다가 변성명하고 겨우 방면되는 위기를 겪었다.

7월 6일 신건식·이찬영·김용호·임상순 등 동지들과 상하이로 건너가 프랑스 조계에서 이미 자리 잡고 있는 신규식·조소앙·김규식 등과 만났다.

중국혁명의 근거지인 상하이는 아시아 국제무역의 중심지

로서 교통이 편리하고 국제 정보가 많은 것은 물론 각국의 조계지가 있어서 독립운동의 둥지를 틀기에는 안성맞춤이었다. 무엇보다 대한제국 무관학교 출신으로 국내에서 국권회복운동을 전개하다 중국으로 망명하여 신해혁명에 참여한 신규식이 활동하고 있었다.

신규식(가운데)과 박달학원 학생 신성무(왼쪽), 신건식(오른쪽). 박달학원은 신규식이 상하이에 세운 동제사(同濟社)가 운영한 청년 교육기관이다.

박은식은 신규식·이광·박찬익 등 애국지사와 민필호·임의탁 등 유학생들과 더불어 동제사同濟社를 창설하였다. '동주공제同舟共濟'의 줄임말로써 한인간의 친목융화와 간난상구를 내세운 친목단체를 표방한 것이지만 진정한 목표는 국권회복에 있었다.

동제사는 이후 이곳으로 온 김규식·신채호·홍명희·조소앙·문일평·여운형·선우혁·정인보·신석우·신건식·조성환 등 망명인사들이 속속 참여하고 조직이 확대되어 베이징·톈진·만주 등 중국지역과 노령·미주·일본 등지에 지사를 설치하였다. 회원이 많을 때는 300여 명에 이르렀다.

동제사는 박은식을 총재로 선임하고 이사장은 신규식이 맡았다. 국내에서 신민회 활동을 할 때부터 대부분이 동지간이어서 구성원들은 뜻이 맞았다. 또 상당수가 대종교 신도들로서 '국혼적' 역사관과 강한 민족주의 성향에서 뜻이 일치하였다.

동제사는 협력단체인 중국 신아동제사를 통하여 중국혁명 세력의 지원을 확보하면서 외교와 교육활동을 전개하는 한편 1913년 12월 상하이 명덕리에 박달학원博達學院을 설립하였다. 유럽이나 미주로 유학을 떠나고자 하는 한국 학생들과 국권회복을 위해 상하이로 온 청년들을 모아 우선 중국어와 영어 등 외국어를 가르치고 민족교육과 나아가서 군사교련을 시킬 목적이었다.

동제사는 1910년대 중국에서 가장 두드러진 활동을 전개한 독립운동의 기간 조직이 되었다. 무엇보다 상하이를 독립운동의 전진기지로 만드는 데 큰 기여를 하였다.

박달학원은 우선 영어반과 중국어반으로 구분하여 어학을 가르치고 교과목으로 영어·중국어·수학 그리고 민족의식을 함양하고자 역사·지리를 교육하였다. 교육기간은 1년 6개월 과정이었으며, 3기생을 배출하였다. 모두 100여 명의 청년들이 박달학원에서 학업을 이수한 것이다.

교수진은 박은식을 비롯하여 신채호·김규식·조소앙·홍명희·조성환 등 쟁쟁한 민족주의 역사학자들이고, 중국인 혁명가 농죽農竹과 미국인 화교 마오다웨이毛大衛 등이 외국어를 담당하였다. 해외 유학생들은 여기서 민족교육을 받고 미주로 떠나고, 독립운동에 정진하고자 하는 청년들은 동제사의 주선으로 중국 관내의 각 군관학교에 입학하여 군사교육을 받았다.

동제사는 얼마 후 신한혁명당의 모태 역할을 한 것은 물론 1919년 수립된 대한민국 임시정부가 민주공화정체의 정부를 수립하게 되는 인적구성에서 크게 기여하였다. 또한 상하이의 지역적 특성으로 인하여 외교중심 방략을 추구하였으며, 상하이 거주 한인사회의 규모가 열악하여 독자적인 독립군의 편성은 어려웠으나 애국청년들을 중국 군관학교에 입학시키면서 후일 독립군 양성의 기초를 만들었다.

박은식은 동제사와 박달학원에서 뜨거운 열정을 바쳤다.

한중합작 '향강잡지'에 논설 집필

박은식은 1913년 10월 7일 상하이를 떠나 홍콩으로 건너갔다. 『향강잡지香江雜誌』의 창간을 준비 중인 인사들의 초청을 받아 다시 언론구국 활동을 하기 위해서다. 이 잡지는 김범제란 사람이 경영한 것인데, 그의 구체적 신분은 알려져 있지 않다. 1913년 12월 20일자로 창간한 『향강잡지』는 한·중인의 합

작으로 운영되었다. 중국혁명당 관계자들과 한국독립운동가들
이 함께 낸 잡지였다.

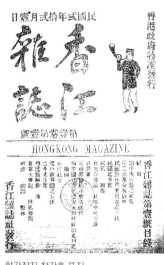
향강잡지 창간호 표지

박은식이 1914년 1월 7
일 안창호에게 보낸 편지에
서 "홍콩에 도착한 뒤 교류
한 사람은 대부분 민당民黨
에 속한 사람이라"고 했다.
여기서 말하는 민당은 중국
혁명당을 가르킨다. 홍콩은
당시 중국 동명회혁명당의
활동중심지로서 혁명당인들
이 공동하여 발동한 혁명의
준비가 모두 이곳에서 계획
되었기 때문이다.

　그래서 『향강잡지』는 중국혁명당인과 한국지사가 합작
하고 경영한 선전잡지라고 볼 수 있다. 바로 이러한 원인으
로 조소앙·신채호·정인보 등 한인지사는 이 잡지에 투고했
고, 이 잡지에는 한국문제에 관한 문장을 많이 등재했다.[1]

　『향강잡지』는 제4호에서 중국의 군벌 원세개의 독재통치

를 비난하는 글을 실었다가 당국에 의해 정간되었다. 박은식은
『향강잡지』에 14편의 논설을 실었다.「중국의 명실名實」,「민
기民氣」,「민덕民德」,「제2차혁명 후 유감」,「민국헌법초안취송
평의」,「애哀 광동廣東」,「오호 양국지말운兩國之末運」 등이다.
박은식의 글이 논설난의 반 이상을 차지할 만큼 그는 많은 논
설을 썼다.

　박은식은 이 외에도 예림난에 여러 편의 시문詩文을 쓰고,
조소앙의 논설과 신채호가 단생丹生이란 필명으로 쓴 수편의
글도 실었다.

　　　논조의 주제는 중국혁명과 한중공동항일을 고무하여
　　일제를 비롯한 제국주의 열강의 침략을 규탄하는 데 집중
　　된 느낌을 준다. '세계요문' 난에서는 세계정세의 동향을
　　각종 외지를 인용하여 비교적 상사히 보도하고 있다. 특히
　　주목되는 것은 이와 같은 다양한 편집을 하면서도 지면 행
　　간에 적절하게 한국의 역사와 문화를 실증사례를 제시하면
　　서 광복운동의 정당성을 주장하고 있다.[2]

　이 시기 박은식이 미국에 있는 안창호에게 보낸 편지에서
『향강잡지』 발간 전후 사정의 일단을 살필 수 있다.

나는 백수白首에 나뭇잎처럼 나부끼어 영락하나 다행히
병이 없어 지탱하고 있습니다. 작년(1912년) 겨울에 또 상해
에서 향강香江으로 이주하였으니 다행스럽게 김군 범제 김
규흥凡齋 金奎興(이명 金復)가 보관報館(언론기관)을 설치하여
경영하기 때문입니다. 지금 이미 제1호를 발행함이 있었으
니 대개 중·한 합동기관입니다. 만약 우리들의 단독기관으
로 하면 다만 힘이 미치지 못할 뿐 아니라 또 시국상황이
허락하지 않는 바 입니다. 또한 중한 관계가 가장 밀절하므
로 중국의 발전은 곧 우리 민족의 부활하는 기회이니 지금
중국을 위하여 헌신하는 것이 또한 남의 밭의 김을 맨다고
말할 수 없습니다.[3]

안중근 전기 집필하다

박은식은 『향강잡지』가 정간되면서 다시 상하이로 돌아왔
다. 그리고 그동안 틈틈이 집필해 온 『안중근전』을 1914년 상
하이 대동출판사에서 단행본으로 출판하였다. 그의 본령은 글
쓰기, 역사연구가로 자리 잡는다. 안중근은 1909년 10월 26일
하얼빈역두에서 이토 히로부미를 처단하고 일제에 의해 1910
년 3월 26일 여순감옥에서 사형되었다.

안중근전

안중근 의거는 중국인들에게도 영웅적인 쾌거였다. 이를 통해 중국인들은 조선(한국)인들을 다시 보기 시작하였다. '조선망국노'로 취급하던 중국의 식자들이 한국 독립운동가들을 동정하고 더러는 협력한 경우도 있었다. 박은식은 중국인들과 교유하면서 안중근 얘기를 많이 들었다. 그래서 박은식은 안중근을 널리 알리고 싶었다. '10·26 거사'뿐만 아니라 젊어서부터 구국운동·의병투쟁·단지동맹·그리고 적괴의 처단에 이르는 과정을 소상히 기록하여 역사에 남기고, 한·중의 뜻있는 인사들에게 전하고자 하였다.

"내가 여기에 온 뒤부터 관상官商·학생·농상農商·공가工賈 등은 모두 안중근 의사의 일을 물었으나, 우리 한인으로서 그의 역사를 얘기할 수 없으면 인심人心만이 있다고 할 수 있겠는가?"⁴ 라는 말에서 박은식이 안중근 전기를 쓰게 된 배경을 알게 된다.

박은식은 국내에 있을 때 '10·26 의거' 소식을 들었다. 그리고 망명길에 나서면서 자료를 수집하고, 환인현에서 중국 측의 자료를 모았다가 이곳을 떠나 베이징에 머물 때 집필을 시작하였다. 망명지가 자주 바뀌면서 틈틈이 쓰게 된 원고는 1912년에 탈고하여 중국의 「동서양위인총서」에 수록되었다.

박은식은 1914년 창해노방실滄海老紡室이란 필명으로 『안중근』을 간행하였다. 중국의 저명한 학자·정치인 장병린章炳麟을 비롯하여 중국의 명사들이 오늘의 추천사와 같은 글과 글씨를 기고하였다. 장병린은 "아주亞洲제일 의협"이란 찬사를 아끼지 않았다.

박은식이 『안중근전』을 새로 펴낸 것은 상하이 대동편집국에서였다. 기왕에 나와 절판된 『안중근』을 보완한 것이다. 책은 38쪽에 달하는 분량이지만, 내용은 대단히 충실하다. 박은식은 서언에서 안중근이 이토를 처단하게 된 이유를 "세계의 평화를 희망하고 그를 평화의 공적으로 인정하여 그 괴수를 제거하지 않으면 화를 막을 수 없다고 여겼기 때문"이라고 썼으며, "한 개인의 생명을 내던지고 세계의 평화를 얻은 것은 무상의 행복"이라고 언급하였다.

28장으로 구성된 본론에서 안중근의 출생과 성장과정·의거와 최후까지를 서술하고 단지동맹과 의거에 동참한 동지들에 대한 역사도 기술하고, 안중근이 젊은 시절에 상무정신과 의협심에서 보여준 일화 등을 소개한다. 또 애국계몽운동과 재산을 팔아 학교를 세운 교육사상도 상세히 기술하였다.

『안중근전』의 저자는 안중근의 위대함을, 거사 이후 재판과 수감 이후의 행적을 통해 더욱 부각시키려 했다. 재판 과정과 수감생활에서의 안중근의 의젓함이 감동적인 필치로 묘사되어 있다. 안중근은 거사 후 체포되자 자신이 대한의 의병장임을 주장하면서 교전당사국의 포로로서의 대접을 받아야 한다고 강조했다. 여기서 그가 애국계몽가로서 당시의 만국공법에도 상당한 식견을 갖고 있었음을 알 수 있다.

저자는 또한 안중근이 재판받는 장면을 잘 묘사했는데, 이는 그의 식견을 드러내기 위한 목적 외에 이런 제도의 운용을 통해서 소위 문명국이라고 자처했던 일제가 얼마나 야만적이었는가를 폭로하고 있다. 특히 그가 사형 당하기까지의 모습을 잘 밝힘으로써 죽음 앞에 섰던 안중근이 어떻게 죽음과 대결하면서 대의에 충실했는가를 잘 묘사했다. 안중근은 1910년 3월 26일에 사형당했다. 사형장에서 안중근은 "내가 대한독립을 위해 죽으며 동양평화를 위해 죽으니 죽는 것에 무슨 한이 있겠는가. 그러나 유감스러운 것은 조국의 광복을 보지 못한 것이다. 제군들은 깊이 생각하라. 우리 대한이 독립된 후에야 동양평화를 지킬 수 있고 일본도 장래의 위기를 면할 수 있다"고 말했다.

이는 안중근의 예언자적인 통찰력을 보여주는 것일 뿐 아니라 저자의 역사의식을 보여주는 것이어서, 그 인물에 그 저자임을 실감케 해 준다.[5]

1919년 4월 상하이에서 대한민국임시정부가 수립되고 발행한 기관지『독립신문』은 1920년 6월 10일자 및 17일자, 24일자의『안중근전』에서 "차서此書는 백암 박은식 선생의 저술로 중국에서 발간된 지 이미 수년"이라고 소개하였다.

당시 중국에서는 안중근 관련 여러 권의 책이 저술되고, 박은식이 쓴 책도 이름을 도용하여 출간된 경우가 있었다. 심지어 해방 후 한국에서 박은식의 대표적인 저술의 하나인『한국통사』가 타인의 명의로 간행되기도 하였다.

박은식의『안중근전』은 일제강점기에 국내에 들어오지 못하였다. 그의 저서는 총독부의 금서목록에 들어 있었기 때문이다. 그러나 중국·러시아 지역 한인사회에서는 널리 읽혔다.

1917년 3월 26일 블라디보스토크의 한인신보사에서『애국혼』이라는 표제로 순국선열을 추모하는 책을 펴내면서 여기에 박은식이 쓴『안중근전』을 국문으로 초역하여『만고의사 안중근전』이란 제명을 붙여 수록하였다. 여기에는 민영환·조병세·

최익현·이준·이범진·이재명·안명근 등 순국선열의 약전과 행적을 편술하였다.

이 책에는 안중근이 이토를 처단할 때 동참했던 우덕순의 「우덕순가」와 당시 연해주 지역에서 유행했던 「안의사의 추도가」 등도 수록하였다.

신한혁명당 창설, 감독에 선임

박은식은 1914년 『향강잡지』의 정간으로 홍콩을 떠나 상하이로 돌아왔다. 중국의 혁명사상가 강유위가 중국신문 『국시일보國是日報』의 주간으로 초빙한 때문이다. 이때 전 청국의 제독 오장경의 손녀 오아란吳亞蘭의 집에 거주하면서 『대동민족사』를 저술하였으나 완성하지는 못하였다.

이 무렵 러시아령 교포들의 초청으로 송왕령宋王嶺으로 가서 그곳 교민들을 상대로 국내외 정세를 알리고 독립정신을 일깨우는 교육을 실시하였다. 그러나 이곳에 오래 머물 수는 없었다. 1914년 7월에 제1차 세계대전이 발발하면서 국제정세가 동요하고 있었기 때문이다. 일본이 1915년 1월 영일동맹을 내세워 독일에 선전을 포고한 데 이어 중국 산둥성의 독일 조차지 칭따오와 독일령 남양제도를 점령하는 한편, 이듬해에는 중국에게 「대중對中 21개조 요구」를 주장하고 나섰다.

청일전쟁에서 패배하여 랴오둥반도와 타이완·펑후제도를 빼앗기고, 배상금 2억 냥을 지불한 것을 비롯하여 각종 이권을 일제에 넘겨주게 된 중국으로서는 다시 '21개조 요구'를 받게 된 것은 국가적인 치욕이었다.

이같은 상황 전개를 목견하면서 박은식은 1915년 3월 상하이로 돌아왔다. 급변하는 세계정세, 특히 중국의 사정으로 보아 국권회복을 향한 조직적인 대처가 시급하다고 판단하였다. 당시 러시아 정부가 일제와 우호관계를 맺게 되면서 시베리아 지역의 한국인 독립운동 단체인 권업회·대한광복군정부 등을 불법단체로 몰아 해산시켰다. 이로써 그 지역 독립운동 지도자들을 한데 모을 수 있는 방략이 요구되었다.

박은식과 독립운동 지도자들은 이 시기를 국권회복을 위한, 머잖아 새로운 중일전쟁이 발발할 것으로 내다보고, 절호의 기회로 삼았다. 마침 상하이에는 연해주에서 대한광복군정부를 이끌었던 이상설도 와 있었다. 박은식은 이상설, 상하이 지역의 신규식, 베이징의 유동열과 성낙형, 북간도의 이동휘와 역시 북간도에서 간민회를 지도해 온 이동춘 등과 독립운동의 방략을 협의하였다.

뜻을 모은 이들은 1915년 3월 영국 조계지 서북천로 학숙에 모여 신한혁명당을 결성하였다. 신한혁명당 결성대회에서는 본부장 이상설, 감독 박은식, 외교부장 성낙형, 재정부장 유동열, 교통부장 이춘일 등을 지도부로 선임하였다. 박은식은 신한혁명당의 실질적인 책임을 맡게 되었다. 당의 본부는 베이징에 두고 중국 관내와 만주 등 11개 지역에 지부를 설치하여 조직을 강화하였다. 국내에도 경성·평양·원산·회령·나남 등에 비밀지회를 설치하고 각각 책임자를 두었다.

민족혁명당은 향후 동맹관계를 맺게 될 중국과 독일이 군주정치체제임을 고려하여 목적달성을 용이하게 하기 위해 광무황제를 당수로 추대하기로 하였다.

신한혁명당을 일개의 독립운동단체가 아니라 독일·중국과 동맹관계를 맺고 일본에 대한 독립전쟁 수행을 위해 한국을 대표하는 단체로까지 발전시키고자 하였다. 이러한 목적달성을 위해 종래 주장해 오던 공화주의적인 정치사상도 잠시 유보해 둔 채 보황주의적 방략을 취한 점은 주목할 만하다. 혁명당의 운영자금은 중화혁명당의 예에 따라 기부나 모집으로 충당하는 방식을 기본원칙으로 정했다.[6]

민족혁명당 지도부는 중국·독일정부와 외교관계를 맺기 위해서는 광무황제를 당수로 추대하여 임시정부를 수립하는 것이 시급하다고 판단하였다. 이를 위해 고종을 상하이로 파천하는 계획을 세우는 한편, 중국정부와 맺을 '비밀조약안'의 서명을 받기 위해 성낙형을 국내로 밀파하였다. 서울에 들어온 성낙형은 국내당원인 변석봉에게 일을 도모할 동지들을 모으게 하여 고종에게 조약안의 밀지를 전달하고자 하였다. 하지만 성사 직전에 탄로되어 변석봉 등이 구속되면서 고종의 망명계획은 좌절되고 관계자들은 모두 체포되어 심한 고문에 시달렸다.

신한혁명당이 가장 역점을 두었던 점은 유사시 독립전쟁의 발발에 대비한 무장투쟁 준비에 있었다. 제1차 세계대전에서 독일이 승리하면, 이후 전세가 동양으로 옮겨지고 독일과 일본의 전쟁이 벌어질 경우, 준비한 무장병력으로 국경을 넘어 일본군과 전투를 벌이고 독립을 전취한다는 계획을 세웠다.

그래서 서두른 것이 군자금 모금이고 중국·독일과의 협력조약 체결이었다. 하지만 국제정세는 박은식과 당의 지도자들이 예상했던 것과는 달리 진행되어 갔다.

전세가 일본이 속한 연합국이 우세하면서 불리하게 전개되었다. 거기에 국내에 파송했던 밀사가 체포되는 등 고종의 천도계획도 무산되고 말았다.

그럼에도 신한혁명당은 독립운동의 중추기관으로서 정부와 유사한 조직을 구성하고, 상하이·베이징·서북간도·연해주 지역의 대표적인 독립운동가들이 참여하는 단체였다는 점에서 큰 의미가 주어진다.

신한혁명당의 인맥과 조직은 고스란히 1919년 대한민국임시정부 수립의 기반이 되었다. 이런 의미에서 박은식 등이 주도한 신한혁명은 비록 목표로 삼았던 몇 가지 주요 과제는 좌절되었지만, 이후 한국 독립운동의 기지가 된 상하이에 둥지를 틀게 되고, 임시정부 태동의 인적·물적 토대가 되었음을 높이 평가된다.

6장

불후의 명저
'한국통사' 쓰다

'태백광노'필명의 '아픔통痛'사서

박은식은 언론인·교육자·계몽사상가·고대사연구가·독립운동가임과 더불어 한국 근대사를 최초로 개척하고 체계화한 역사학자이다. 일제강점기는 물론 현재도 역사를 왜곡하고 독립운동사를 폄훼하는 권력자·역사학자·언론인이 득세하는 판에 박은식은 내일을 예측하기 어려운 망명지 객창에서도 꾸준히 역사를 연구하고 집필하였다. 그것도 가장 공정한 위치에서 정직한 역사를 쓰고자 쉼 없이 노력하였다.

어느 측면 박은식의 본령은 글 쓰는 일이었다. 언론·인물전기와 더불어 역사연구는 그의 중요한 과제이고 본령이고 숙명이었다. 해서 국권회복운동의 틈틈이 사서 집필에 몰두하였다. 그는 독립운동과 역사연구를 일체화하였다. 달리 표현하면 민족사연구를 독립운동의 일환으로 삼은 것이다.

1915년에 발간한 『한국통사韓國痛史』와 1920년에 쓴 『한국독립운동지혈사』는 바로 이와 같은 바탕에서 나온 그의 대표작이고 우리 역사의 소중한 유산이 되었다. 박은식은 『한국통사』에서 보통으로 쓰는 역사 기술법의 한 방식인 '통사通史' 즉 "한 시대나 지역에 국한한 특수한 역사에 대하여 전 시대全時代·전 지역에 걸쳐 시대의 제한이 없이 개괄적으로 서술한 역사" 대신에 '아플 통痛'이라는 이름을 붙여 썼다. 우리 근현대사의 '비통한 역사'를 쓴 것이다.

국망기 비통하고 참담한 역사의 현장에 있었던 그는 일반적인 '통사通史'가 아닌 비통하고 절통한 '통사痛史'를 짓지 않을 수 없었을 것이다. 그래서 그는 일반적인 사가와는 격과 결이 다르다.

박은식은 『한국통사』를 태백광노太白狂奴라는 필명으로 썼다. 스스로 '백두산 아래 나라 잃은 망국노'의 뜻을 담아 쓴 것이다. '통사'라는 제명이나 '태백광노'라는 자호에서 민족적 아픔과 비통함이 함께 함을 보인다. 그는 책을 쓰게 된 배경과 심경을 결론 부문에서 담담하게 서술한다.

세월이 물과 같아서 나로 하여금 조금도 미룰 수 없게 한다. 내가 이 직무를 폐기한다면 사천년 문명구국文明舊國

이 또한 발해가 망하자 역사가 망하는 것과 같은 유가 되지 않겠는가. 비록 세상 사람들이 자격없는 사람이 썼다고 나를 꾸짖는다 할지라도 또한 어찌 사양하여 그만 두겠는가.

그러나 사천년 역사 전부는 고루하고 쇠둔한 내가 할 수 있는 일이 아니오 또 단시일 내에 집필할 수도 없는 것이니 이것은 할 수 있는 이에게 기대할 수 밖에 없는 것이다. 내가 세상에 태어난 이후의 목격한 최근의 역사는 힘써 볼만한 일인 것이다.

이에 갑자년부터 신해년(1911)에 이르기까지 3편 114장을 지어 통사痛史라 이름하니. 감히 정사正史를 자처하는 것은 아니다. 다행히 우리 동포들이 국혼이 담겨져 있는 것임을 인정하여 버리거나 내던지지 않기를 바랄 뿐이다.[1]

글 한 편 책 한 권이 폭탄 수천 발이나 몇 개 사단의 병력보다 더 큰 성과를 올리는 경우가 더러 있다. 마르틴 루터가 "진리에 대한 사랑과 이를 명백히 할 목적으로" 쓴 「95개조 논제」에 담긴 종교개혁 문안, 미국 독립전쟁에 불을 지른 토머스 페인의 『상식』과 스토우 부인의 『톰 아저씨의 오두막집』, 프랑스 에밀 졸라의 「나는 고발한다」라는 공개장, 카를 마르크스의 「공산당 선언」 등이 이에 속한다.

『한국통사』는 박은식이 국권상실 과정을 직접 목격하고 국

1915년 상하이에서 간행한 『한국통사』

사가 없어지지 않으면 나라는 결코 망한 것이 아니라는 신념 아래 민족주의 사관으로 쓴 우리나라 근대사이다. 한문으로 서술한 이 책의 체재는 범례·목록서·서언·삽화·제1편 2장, 제2편 2장, 제2편 51장, 제3편 61장, 결론·후서·발 등으로 구성되었다.

총 3편 114장으로 1864년 고종 즉위로부터 1911년 105인 사건까지 47년간의 역사를 시대순으로 서술하면서, 중요 내용은 각 장 뒷부분에 저자의 의견을 붙였다.

이 책의 특색은 본문 내용에 있지만 서·서언·삽화 등의 구성도 특이하다. 12항목으로 되어 있는 삽화의 제1항은 광개토대왕 비문에서 집자한 제사題辭, 제2항은 백두산 천지, 제3항은 신라태조 묘비 등으로 채워져 있다. 제4항은 이순신의 철갑귀선, 제5항은 금강산, 제6항은 궁전의 명소, 제7항은 서울의 명소, 제11항은 을사늑약, 한일협약 때의 한국대신 및 일본대표, 제12항은 을사늑약 이후 순국한 애국지사들의 사진을 실었다.

본문의 구성도 살펴보자. 서설 편의 제1장은 한국의 지리와 역사를 기술하고, 제1장은 한국의 위치와 산천·중요도시·명승지와 특산물, 제2장은 단군신화에서 고종즉위까지의 사략, 제2편은 대원군의 섭정에서 아관파천 이후 대한제국 선포 적전까지의 중요사실과 대원군의 개혁정치와 하야경위, 특히 국제정세에 어두워 나타난 서세동점과 쇄국정책 등을 비판한다.

이후 임오군란과 그 결과 청나라의 군사개입 및 일본과 제물포조약 체결, 청일양국의 군대주둔문제, 갑신정변과 동학거사, 그리고 청일전쟁, 갑오개혁, 명성황후 시해사건, 의병운동, 열강의 이권쟁탈 등을 민족주의적 관점에서 기술한다.

제3편은 독립협회의 활동, 일제의 경제침략, 황무지개간 요구와 반대운동, 대한제국 정부의 경찰권 박탈과 고문정치, 러일전쟁과 강화조약, 일제의 문화재 약탈 등을 다루고, 이기·나인영·오기호 등의 일왕에게 보낸 항의문, 『황성신문』 폐간, 이상설·안병찬·조병세·민영환 등의 을사늑약 반대운동, 최익현의 격문, 송병준·이용구 등 일진회 간부들의 망동을 기술한다.

이어서 1910년 국권상실, 일제의 총독부 설치와 한국인 탄압상, 장인환·전명운 의거, 이재명 의거, 안중근 의거 등을 기술하고, 마지막 부문에서는 국권상실 이후의 참담한 조선의 실상을 사실적으로 정리하였다.

이 책에서 박은식은 일제의 침략사를 적나라하게 정확히 고발하였다. 한편 이 책의 결론 부분에 가서는 국사를 혼魂(국교·국학·국어·국문·국사 등)과 백魄(전곡·군대·성지·함선·기계 등)으로 구별하였다.

그리고 현재 우리 겨레는 비록 '백'을 일제에 빼앗겼다 해도 민족의 '혼'만 잃지 않는다면 결코 완전한 국망國亡이라고 할 수 없다는 역사의 '혼백론'을 주장했다. 이것은 민족주의 사관에 입각하여 국사=민족사=정신사라는 관점을 깊이 인식한 결과였음은 물론이다.[2]

'통사'에 나타난 역사관

박은식은 살펴본 대로 『한국통사』에서 민족과 국가를 국혼과 국백으로 나누어 역사관을 정립하였다. 국혼은 민족종교·민족학문·민족언어·민족문자와 문학·민족역사를 포괄하고, 국백은 화폐경제·군대군사·영토성지·함선교통·기계기술 등 경제·군사·영토·과학·기술 등을 일컫는다.

백암에 의하면 민족과 국가는 이와 같이 국혼과 국백으로 구성되어 있다는 것인데, 나라가 독립(생존)해 있다는 것은 국혼과 국백이 하나로 융합되어 있음을 의미한다. 한편 나라가 멸망한다는 것은 국혼과 국백이 분리되어 이민족에게 정복당하는 것을 의미한다.[3]

이와 같은 전제에서 '통사'의 몇 대목을 살펴본다.

대륙의 원기元氣는 동쪽 바다로 달려 백두산에 극했고, 북쪽으로는 요야遼野를 열고, 남쪽으로는 한반도를 이루었다. 한국은 당요唐堯시대에 나라를 세워 인문이 일찍이 열렸고, 그 백성은 윤리가 돈독하여 천하가 군자의 나라로 지칭했으며 역사는 면면히 4천 3백여 년이 계속 되었다. 아! 옛날의 문화가 극동 삼도三島에 파급하여 저들의 음식·의복·궁실이 우리로부터 나왔고, 종교와 학술도 우리로부터 나온 까닭으로 저들은 일찍이 우리를 스승으로 삼아왔는데 이제는 이를 노예로 삼는가.

나는 재앙이 닥쳐왔을 때 태어나서 나라가 망한 것을 애통하였는데 이미 죽지 못하고 있다가 마침내 도망하게 되었다. 경술년 모월 모일 아침에 서울을 떠나 저녁에 압록강을 건너 다시 북안을 거슬러 올라가 위례성을 바라보며 머물렀다.

고금을 살펴보니 허전한 느낌이 들어 고개를 숙인 채

거닐며 연연하여 오랫동안 떠날 수가 없었다. 이역 땅에 망명하여 다른 사람을 대하기가 더욱 부끄러우니 가동街童과 시졸市卒이 모두 나를 망국노라고 욕하는 것만 같다.

세상이 비록 넓다고는 하나 이러한 욕을 짊어지고 어디로 돌아가겠는가. 때에 혼하渾河의 가을은 저물어, 쑥은 꺾어지고 풀은 마르고 원숭이는 슬퍼하고 부엉이가 울어댄다. 내가 고향을 하직할 때 슬퍼하던 눈물이 아직 마르지도 않았는데 이러한 정경을 보니 더욱 서글퍼져 견딜 수가 없구나.

고국을 바라보니 구름과 연기가 서린 듯 아득하기만 하구나. 아름다운 산천에선 우리 조상들이 살았고, 울창한 삼림들은 우리 조상들이 심었으며, 기름지고 넓은 옥토는 우리 조상들이 경작했고, 금·은·동·철도 우리 조상이 채취했고, 가축·천어川魚도 우리 조상이 길러왔다.

궁실로 비바람을 피하였으며, 의관으로 금수와 구별하였고, 기명器皿으로 생활을 도왔으며, 예악과 형정으로 문명을 창조한 것이 모두 우리 조상들의 손으로 이룩된 것이다.

대저 우리 조상은 그 무한한 두뇌와 피와 땀을 다하여 우리 자손들에게 생산과 교육의 기구를 끼쳐주어 갖추어졌다.

이로써 대대로 전수하여 우리의 생활이 푸짐하게 되었

고, 우리의 덕이 바르게 되어 개제恺悌함이 길이 전하였거늘 어찌하여 하루아침에 다른 민족에게 호탈당하여 사방에서 호구하며 진패유리하여 그 고통을 견디지 못하고 또한 장차 멸절의 환란으로 빠지려는가.

"옛사람이 이르기를 나라는 멸할 수가 있으나 역사는 멸할 수 없다."고 하였으니 그것은 나라는 형形이고 역사는 신神이기 때문이다. 이제 한국의 형체는 허물어졌으나 정신만이 독존할 수는 없는 것인가. 이것이 통사痛史를 저작하는 소이이다. 신이 보존되어 멸하지 아니하면 형(국가)은 부활할 시기가 있을 것이다.

그러나 이 한국통사는 갑자년(1864) 이후 50년사에 불과할 뿐이니 어찌 족히 우리 4천년 역사 전부의 정신을 전할 수가 있으리오. 그것은 우리 민족이 우리 조상을 생각하며 잊지 않는 데 있을 것이다.

대저 예루살렘이 비록 망하여 유태인이 다른 나라를 유리하나 다른 민족에 동화되지 아니하고 이제 2천 년에 이르기까지 유태족의 칭호를 잃지 않았던 것은 그들 조상의 가르침을 보존할 수 있었기 때문이다.

인도가 비록 망하였으나 바라문이 능히 그 조상의 가르침을 굳게 지키고 부흥을 기다리고 있다.

멕시코가 스페인에 망하자 교화와 문자가 모두 멸하여

이제 인종은 비록 존재하나 외우는 바가 다 스페인의 글이고 행하는 바가 스페인의 교화이며 흠모하는 바가 모두 스페인 사람들의 호걸이니 보면 멕시코 인종의 형形은 비록 존재하나 신神은 이미 전멸하였다.

오늘날 우리 민족 모두가 우리 조상의 피로써 골욕을 삼고 우리 조상의 혼으로 영각을 삼고 있으니 우리 조상은 신성한 교화가 있고 신성한 정법이 있고 신성한 문자文事와 무공武功이 있으니, 우리 민족이 그 다른 것에서 구함이 옳다고 하겠는가. 무릇 우리 형제는 서로 생각하고 늘 잊지 말며 형과 신을 전멸시키지 말 것을 구구히 바란다. 이러한 점은 본 책자 이외에 우리 민족이 융성하던 시대의 역사에서 구하는 것이 옳다고 생각한다.[4]

다음은 『한국통사』 가운데에서 중요한 내용인데도 비교적 덜 알려진 내용 몇 편을 소개하려고 한다. 먼저 「동양척식회사東洋拓植會社의 침탈」이라는 글이다.

동양척식회사란 것은 한국 토지를 개척하여 일본의 농민을 이식시키기 위해 조직된 것이니, 진실로 일본 농민의 한국 이주작업을 위해 편리를 주자는 것이었으나 실상 저의는 제대한 군인을 농업에 종사케 함으로써 한국에 대한 정

동양척식주식회사 건물

책을 진행하매 속박을 가속화하고 채찍을 가하여 억압하며 우리의 생명을 억제하고 우리의 살아갈 수 있는 기틀을 끊으려는 것으로, 주도 엄밀하게 모멸을 가하려는 것이었다.

그러나 후일의 환난을 염려해서 동양척식회사라는 명칭을 붙여 한국의 황무지를 개척하여 농업을 증산한다고 떠들어댔으나 실상은 퇴역병사를 한국에 이식하여 내심 둔전병제를 실시하여 장래 뜻하지 않은 사면에 대비하자는 것이었다. 내각총리대신 계태량이 밀의를 결정한 후 법령을 발표하되 한·일 양국이 분담 출자하는데 정부는 매년 3백만 원을 지출하여 보조하며 우좌천宇佐川·길원吉原 등이 정·부총재가 되어 한국에 와서 집무를 시작하도록 하였고,

그 대상 범위는 전국을 포함한 것이었다.

또한 우리 지방 인민들의 반대가 있을 것을 고려하여 우리 정부에 권고하여 13도에서 각각 신사 1명씩을 뽑도록 명하여 '척식위원'이란 명칭을 붙였으며 관광단을 조직하여 동경에 초청하였으니, 총리 이하 각 대신들이 각별한 우대를 하여 그들의 환심을 사도록 하는 한편, 각 병영 공창의 생활을 보여주어 두려워 복종하도록 하자는 생각을 갖도록 하였고 이에 그 장정을 끄집어 내어 협정해 줄 것을 요구하였으나, 위원 중 수인이 불평을 품고 식음을 전폐하였다.

저들 고관들이 만단으로 개유하여 별도로 국민의 토지를 강제로 매입하지 않는다고 1조를 첨입하여 드디어 승낙을 얻게 되었으며, 우리나라의 역토驛土·궁토宮土·둔토屯土로 출자에 대신하도록 하고, 또한 각 위원들의 날장捺章을 받았다.

역토란 것은 각 역에서 말을 기르는데 수요를 위한 것이며, 궁토란 것은 각 궁방에 소속된 것으로 내수內需에 충당하는 것이며, 둔토라 함은 역대 양병을 위한 둔전을 말하는 것이다.

이러한 땅은 모두가 일등 옥답으로 우리 국민이 전작佃作 경영으로 생을 꾸려 나가던 것이며 상당히 광대한 양에 달하는데, 이제 그 토지를 그 회사에 들여 놓아 우리 국민들의 경작권을 빼앗고 일본인에게 지급하여 또한 한 푼을 허비하지 않고 이렇게 넓은 옥토를 취하게 되었다.

또한 일본인이 재권財權을 장악한 이후 흉년이 날로 심하여 우리 국민은 더욱 생계의 유지가 곤란하여 부득이 그 회사에 빚을 요구하였는데 그 전권田券(땅문서)을 저당으로 잡되, 반드시 측량 조사하여 지가에 10분의 1에 해당하는 액수만을 지급하며 기한이 지나도록 상환하지 아니하면 드디어 그 회사의 소유가 되며 민유지를 구입할 때도 원가대로 지급하지 아니하고 가로챘다.

또한 저들 농민들이 한국에 와서 토지를 경작하겠다고 요구해 오면 옥토가 아닐 경우 받지 아니하는 고로 그들의 요구에 좇아 비록 한국인이 이미 씨앗을 뿌려 맥묘麥苗가 성장한 땅이라 하더라도 모두 빼앗아 주게 되니 척식이란 말이 과연 황무지를 개척해서 농업생산을 증가하자는 목적에서 만든 것이란 말인가.[5]

다음은 「한국인의 교육소지教育掃地」라는 대목이다.

국가의 연약함을 강대하게 만들고 인민의 몽매함을 깨우치는 길은 교육이 아니고서는 불가능한 것이다. 그러므로 한국의 애국지사는 이것을 급한 일이라 하고 분주히 외치며 힘써 교육에 앞장서자 하며 신문에 글을 써서 경종을 울리고 연설로써 격려했다.

이에 학회로는 서북학회·기호학회·교남(영남)학회·호남학회·관동학회·흥사단 등이 있었고, 학보로는 서북학보·보성교우보·대한흥학회보·교육월보·소년잡지·공업제 등이 있었으며, 교육사업으로 민영휘·유길준·이종호·안창호·이승훈·이동휘·유일선 등이 있으며, 학식이 있는 자는 그 두뇌를 다하였고, 재산을 가진 자는 그 재산을 털어 육영사업에 투입하여 일시에 학풍이 고동되고, 인심이 격권激勸하여 국내의 소학교·중학교·전문학교의 설립이 3천여 곳에 이르렀으며, 모두 민간유지들이 세운 것으로서 학도가 운집했고, 사조가 활발해지고 곳곳에서 학종學鐘이 울려 1일 천리의 형세로 발흥하니, 서울에 보성학교·휘문의숙, 협성학교가, 평양에 대성학교, 정주에 오산학교, 안주에 안흥학교가 가장 우수하였다.

만약 이러한 기세로 수 십년 발전한다면 문화의 발달과 민지民志의 통일을 확실히 기약할 수 있었는데 뇌정벽력雷霆霹靂이 학계에 떨어져서 싹이 솟아나는 것을 잘라버려 그 발원을 막아버렸으니, 대성학교·오산학교·안흥학교 등이 강압 폐교를 당하고 나머지 학교들도 또한 엄밀한 감시와 통제를 받으며 각종 교과서도 국가 민족과 이상理想에 관계되는 것은 일치 금지하고, 교사의 언론과 학생의 행동에 대해서도 정찰 감시하지 않는 날이 없게 되어 이로 말미암아 사기가 저상되고 학풍이 무너지며 일체의 교육기관이 쇠퇴하여 깨끗이 없어졌다. 신문지 14종과 서적 30여 종이 전부 봉쇄 압수되어 분서되며 외국에서 들어오는 것도 금지하고 출판초례를 정하여 비록 정치 문자와 무관한 것이라 할지라도 자유로운 출판을 불허했으니 한국인은 마침내 암흑지옥 속에 갇혀 있는 것이나 다를 바가 없었다.

철폐된 신문 잡지명

황성신문·제국신문·대한민보·대한매일신보(이상은 매수), 공립신보·경향신문·합성신보

(이상은 금지), 소년잡지·서북학회월보·대한흥학회보·공업제·적삼보·보성교우잡지(이상은 금지).

압수 분서된 서책명

초등본국역사지지·중등본국역사지지·유년필독·동국사략·여자국문독본·을지문덕전·이순신전·국민수지·대한지지大韓地誌·대한역사·최면암집崔勉庵集·소의신편昭義新編·양명선생실기·음빙실문집·중국혼자유서·월남망국사·신주

광복지神州光復誌·미국독립사·서사건국지瑞士建國誌·이탈리
아독립사·프랑스혁명사·폴란드망국사·이집트근세사·워싱
톤전·이태리삼걸전·갈소사전噶蘇士傳·대피득전大彼得傳·몽
배금태조·몽견제갈량·금수회의록·연설법방소담演說法方笑
談·조선론朝鮮論·자유종·만세력萬歲曆·정신교육·영웅누국
사비英雄淚國事悲·혈루血淚·청년입지편 등 20여 종 수십만
권이 다 한불꾸더미에 붙여졌다.[6]

또 다음에 이어지는 글은 「이재명이 이완용을 자상刺傷함」
이다.

이등박문이 피살되고, 증미황지조가 동경에 건너가서
또한 병사하자 육군대신 사내정의寺內正毅가 이어 통감이
되었는데, 합병이 된다는 설이 먼저 신문지상에 게재되자
우리 국민들은 더욱 위구하여 어찌할 바를 몰랐다.
평양인 이재명李在明은 동지 김정익과 상의하되 "일이
다급하니 우리가 죽음을 각오해야 되지 않겠소. 전번에 일
본인이 을사늑약을 늑체한 것은 실상 우리 역당들이 이들
을 탐하여 나라를 팔아서 저들을 위해 창귀노릇을 하였던
까닭에 용이하게 성사할 수 있었오. 이제 우리가 선수를 써
서 급히 매국적을 제거하면 저들의 늑약도 혹 저지할 수 있

겠고 나라의 운명도 만에 하나 요행히 구할 수 있을 것이요, 정부의 이완용과 일진회의 이용구는 역적의 두목이니 이 양자를 살해한다면 나머지 역적들 또한 모두 위험하다는 것을 깨닫고 감히 의부하지 못할 것으로 체약의 구급책을 알려 주는 것은 오직 이길 뿐이요"하고

이에 각기 예리한 칼을 품고 패수浿水를 건너 서울에 오니 날씨는 차고 나뭇잎은 떨어져서 산하가 쓸쓸한데 장사가 서쪽에서 오니 살기가 감돌았다.

이때에 두 사람은 각기 두 역적의 동정을 살피다가 마침 이완용이 천주교회의 속빈速賓으로 종현교회당에 나아가매(벨기황제의 추도식 참석) 재명이 그 소식을 듣고 밤을 구워 파는 행상으로 분장하고 교회당 문 밖에서 밤을 구우며 대기하다가 이완용이 나오는 것을 보고 인력거를 가로 막고 칼을 뽑아들자 가노家奴가 막아서 그 종을 찔러 죽이자 이완용을 땅으로 떨어졌다가 (마차를) 타는 것을 칼로 찔러 복부에 깊숙한 상처를 주었다.

그러나 일본 순사 등이 급히 달려와 구하고 이재명을 체포, 감옥에 보냈다. 이완용은 병원에 입원한 지 수개월에 죽음을 면했지만, 일본인은 이재명을 살인죄를 적용 교형絞刑에 처했다.

김정익은 이용구를 척살하려고 매일 기회를 엿보다가

이재명의 이완용 자상사건의 발생으로 체포되자 가지고 있던 칼을 꺼내 던지면서 "내가 이 칼로 이 역적을 죽이고 나라를 구하려던 것이 뜻을 이루지 못하게 되었으니 어찌할 것인가"하였다. 그는 살인음모죄를 적용, 종신형에 처했다.

이재명은 어려서 부친을 여의고 13세 때 예수교에 들어가 서양인 목사를 따라 미국에 건너갔으며 노동을 하여 여비를 마련, 환국하여 평양에서 유지들과 결맹하고 국권회복을 은밀히 모의하였으니 그들 모두가 급전파였다. 또한 일찍이 중국·러시아 영토에 들어가 동포들을 방문하고 평시 여러 사람들 속에서 살면서도 순순히 말을 입 밖에 내놓지 않으니 사람들이 혹 이상히 여겨서 의를 위해 감히 죽을 수 있는 사람이라 하며 무서워하였다.

김정익은 집이 몹시 가난하여 다른 사람 집에 고용되어 일을 하면서 여가를 틈타 노동야학에 나아가 수업을 하며 아름다운 말과 착한 행실을 마음속에 새기더니, 이재명과 함께 나라를 위해 죽을 것을 굳게 맹세하였다. 대저 이 두 사람은 미천하나 의를 분발해서 역적을 토벌하고 끊어지는 나라의 운명을 구하고자 자기 일신을 희생하기를 낙지樂地에 나가듯 하여 그 장열함이 우렁차게 퍼져나가 세계를 경동시켰으매 더욱 더 장하지 아니한가.[7]

'한국통사'에 대한 학자들의 평가

박은식의 『한국통사』는 오래 전부터 학계에서 높은 평가를 받아 왔다. '근대역사학'의 체제와 내용을 담았다는 것이다. 윤병석 교수의 지적이다.

> 첫째, 체제에 있어서 편년체와 기전체의 구사를 완전히 탈피하고 근대역사학에서 활용하는 주제별 사건별 사실별 편제의 역사를 서술하였다. 물론 이것은 박은식이 의도적으로 신사新史를 쓰려고 하여 그렇게 된 것이다. (…)
>
> 둘째, 사건과 사건 사이의 인과관계의 분석이 집요하게 추구되고 있다. 이것은 사건들의 계기적 관계를 밝히는 데 그친 것이 아니라 역학관계의 상호작용과 인과관계를 분석하고 있다는 점에서 특히 그러하다. 이 점은 특히 민족간 또는 국가간의 세력관계의 분석에서 더욱 특징적으로 나타나고 있다. (…)
>
> 셋째, 역사적 사실의 서술이 확고한 자료에 의거하고 있다. 정확한 사실의 파악에 기초하여 실증적 귀납적으로 역사를 서술하고 있다.

넷째, 객관적 역사서술을 관철하고 있다. 이 점은 특히 『통사』에서 더 현저히 강조되고 있다. 그는 먼저 역사적 사실을 객관적으로 서술한 다음 그 뒤에 '논論'을 첨가하거나 그것이 불충분하다고 생각될 때에는 특히 '접接'을 붙이어, 객관적 서술과 역사적 평가를 구분하려고 애쓰고 있다. (…)

다섯째, 통계표를 작성해 가면서 통계를 원용하고 있다. 이 점은 『혈사』에서 더 현저히 나타나고 있다. (…)

여섯째, 장기적 분석이 시도되고 있다. 『통사』에서나 『혈사』에서나 모두 근대사 전반을 꿰뚫는 장기적 관찰과 사평史評이 일관되고 있는데, 이러한 장기적인 관점은 근대적인 범주의 것이다.

일곱째, 근대적 비판정신이 관철되고 있다. 모든 운동과 사건에 대한 비판의 기준은 삼강오륜이나 명분과는 전혀 관계가 없고 독립운동을 실패케 한 객관적인 요인이나 행동에 주어지고 있다. 일제의 침략과 만행에 대한 준렬한 비판도 반제국주의 반침략적인 것으로서 모두 근대적인 범주의 것이다.[8]

박성수 교수의 평가를 소개한다.

　박은식이 통사를 쓰던 시기에 여진의 나라 청이 망했고 중국은 다시 살아났다. 청은 발해처럼 자신의 국혼도 남기지 못한 채 망하고 말았으니 애처롭다. 여진은 280년간 단발령을 내려 한족의 머리를 깎고 몸에는 만주 복을 입혔고 여진문자를 개발하여 공용어로 쓰게 하였으나 1911년 나라가 망하자 자기 문화와 역사를 남기지 못하고 말았다.

　혼을 남기지 못하고 사망한 것이다. 청이 망하고 한족이 일어서려 하던 때 바로 그 때 우리나라가 망하고 박은식은 통사를 썼던 것이다.

　청은 근 280년 간이나 중국의 문화를 보존해 주고 영토까지 넓혀주었으나 만주족(여진족)의 국혼은 남기지 못하고 사고전서 등 중국의 문화만 보존하여 중화사상만 남겼으니 발해와 같은 운명이 된 것이다. 부엉이는 남의 새둥지에 몰래 자기 알을 넣어두고 기생부화寄生孵化를 시킨다고 하는데 청은 남의 알을 품어서 키워주었던 것이다.

　자기 자식은 기르지 못하고 부엉이의 자식을 키우고 망하고 말았으니 비극이 아닐 수 없다. 박은식은 청이 자기 자식 없이 죽는 것을 보고 한국은 죽어도 자기 자식을 키워 다시 일어나야 한다고 믿었던 것이다.[9]

'한국통사'의 목차

『한국통사』의 목차를 통해 이 책의 구성을 살펴보기로 하자.(한글로 번역)

범례凡例

한국통사서韓國痛史序

서언緒言

제1편

제1장 지리의 대강

제2장 역사의 대개

제2편

제1장 대원군의 섭정

제2장 경복궁의 중건

제3장 서원 철폐

제4장 세정이혁

제5장 국방주의 및 풍속교폐

제6장 서교를 엄금하고 신도를 학살함

제7장 불란서군을 대파함

결론

시베리아로 옮겨 항일투쟁

블라디보스토크의 '한족공보' 주필로 초대

박은식은 러시아 우수리스크 지역의 전로한족회의 초청으로 1918년 6월 20일 상하이를 떠나 6월 말 또는 7월 초에 현지에 도착하였다. 전로한족회가 기관지로 『청구신보_{青丘新報}』를 발행하면서 국내에서 『황성신문』, 『대한매일신보』 등의 주필로서 명성을 날린 그를 초청한 것이다.

일본 정보자료에 따르면 "박은식은 상하이에서 생계 곤란하기 때문에 서당교사 또는 동지의 원조에 의하여 의식衣食하고 블라디보스톡의 동지로부터의 간청에 의하여"[1] 블라디보스토크로 갔다고 한다.

1910년대 연해주 지역에는 한글신문으로 『한인신보』와 『청구신보』가 발행되고 있었다. 반병률 교수는 박은식을 초청한 기관이 『청구신보』 측인 것으로 추정한다. 이 신문은 1917년 7월 7일 우수리스크에서 주 2회 발행되었다. 창간 당시의 주필은 김만겸이고, 1917년 10월 조완구로 교체되었다.

청구신보

『한인신보』는 1917년 7월 8일 블라디보스토크의 한인촌 민회의 기관지로서 주 1회 발행하는 순 한글의 항일지였다. 발행인 한용헌, 사장 이형욱, 주필 김하구, 총무 김병흠, 기자 장기영이다. 『한인신보』는 1천6백부, 『청구신보』는 1천4백부씩을 발행하여 러시아와 만주일대는 물론 유럽과 미국 등 한인사회에 널리 배포되었다. 『청구신보』는 얼마 뒤 『한족공보』로 개제하고 박은식을 주필로 영입하였다.

박은식은 블라디보스톡을 거쳐 니콜스크-우수리스크 (현재 우수리스크시)로 옮겨가서 『청구신보』가 개제한 『한족공보』의 주필직에 취임한 것으로 보인다. 박은식은 김만겸, 조완구에 이어 『한족공보』의 제3대 주필이 되었던 것이다.

『청구신보』는 박은식이 도착한 얼마 안 된 1918년 7월 『한족공보』로 개칭하게 되는데, (…) 러시아에서의 정치적 변동, 즉 시베리아와 러시아원동지역에서의 체코군의 봉기에 따른 국제정세의 변화와 관련된 것이다.[2]

『한족공보』는 러시아사회의 정치변동과 1919년 3월 17일의 블라디보스토크 한인들의 시위운동으로 문을 닫게 되었다.

1919년 2월 25일 니콜스크에서는 블라디보스토크, 서북간도, 국내의 대표 등 130여 명이 모여 노·중령독립운동단체 대표회의를 열고, 임시정부 성격의 독립운동 대표기관으로 대한국민의회(국민의회)를 설립하였다. 의장 문창범, 부의장 김철훈, 서기 오창훈을 선출하고, 이어서 외교부장 최재형, 선전부장 이동휘, 재정부장 한명세를 선임하였다.

'국민의회'는 국내의 3·1혁명 직후인 3월 17일 우수리스크시에서 한족 2만여 명이 모인 가운데 독립선언식을 거행하였다. 대표들은 박은식이 작성한 러시아어와 한글로 선언서를 일본정부에 전해달라는 요청서와 함께 일본 영사관에 이를 전달하였다. 러시아 관청과 11개국 영사관에도 배부하였다. 이날 오후에는 독립선언서를 살포하며 가두시위를 벌였다.

박은식은 뒷날 노령 지역의 독립선언시위운동을 『한국독립운동지혈사』에서 다음과 같이 기술하였다.

124

3월 17일에는 노령의 국민의회가 블라디보스톡에서 집회를 개최하고 독립을 선포하고 선언서를 각국 영사관에 배포하였다. 미국과 프랑스 두 영사들은 모두 동의를 표하고, 러시아사람들 전체도 환영의 뜻을 표하며 말하기를, "우리들은 한국인이 이처럼 굳센 힘이 있는 줄 몰랐다. 그들은 쇳조각 하나 없는 맨손으로 결사적으로 독립을 구_求하는데, 우리들은 오히려 창포_{槍砲}의 힘을 가지고도 국권을 타국에 양도해야 하는가." 이로부터 러시아인들의 배일사상은 더욱 치열하였다.

그 무렵에 쌍성_{雙城}(니콜스크-우스리스크), 소성_{蘇城}, 팔식포_{八息浦}, 추풍다전영안평_{秋風多田永安坪}-대전자 또는 시넬리니코보) 등지 거주의 우리 동포들도 모두가 독립을 선포했다.[3]

'대한독립선언서'에 서명

박은식은 이에 앞선 1919년 1월 해외 망명지사들이 추진한 「대한독립선언서」(이하 선언서)에 서명하였다. 만주 지역의 항일무장단체인 대한독립의군부가 중심이 되어 해외 각지의 대표적인 독립운동가 39인의 명의로 채택된 '선언서'는 조소앙이 기초하였다.

'선언서'는 "우리 대한은 완전한 자주독립국임과 민주의 자립국임을 선언하고, 우리 대한은 타민족의 대한이 아닌 우리 민족의 대한이며, 우리 한토韓土는 완전한 한인의 한토이니, 우리 독립은 민족을 스스로 보호하는 정당한 권리를 행사하는 것이지 결코 사원의 감정으로 보복하는 것이 아님"을 밝혔다.

이어서 '선언서'는 일본의 한국병합 수단은 사기와 강박과 무력폭행에 의한 것이므로 무효라고 선언하고, 섬은 섬으로 돌아가고 반도는 반도로 돌아오고, 대륙은 대륙으로 회복하라고 주장하였다.

'선언서'는 또 2천만 동포들에게 국민된 본령이 독립인 것을 명심하여 육탄 혈전함으로써 독립을 완수하자고 촉구하고,

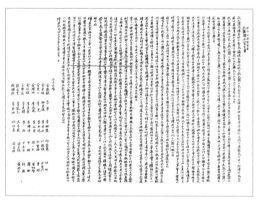

대한독립선언서

126

국민의 궐기를 호소하였다.

'선언서'의 서명자는 박은식을 비롯하여 김교헌·김동삼·신채호·신규식·이시영·이상룡·김규식·안창호·이승만·윤세복·이동녕·박찬익·안정근·박용만·김약연·이동휘 등이다.

음력으로 무오년에 발표되었다 하여 흔히 「무오독립선언서」라고도 불리는 이 '선언서'의 특징으로는 국치 이후 우리나라 최초의 독립선언서이며, 한국병탄의 무효를 선언하고, 육탄혈전을 선포한 데서 의미가 부여된다. 특히 해외에 거주하는 명망 있는 독립운동가 대부분이 선언서에 서명했다는 점에서 큰 특징이 있다.

이 선언서가 도쿄의 2·8독립선언과 국내 3·1독립선언에 어떤 영향을 주었는지는 구체적으로 밝혀지지 않았다. '선언서'에 단군대황조檀君大皇祖가 언급된 점으로 보아 대종교와 깊은 연관성이 보이고, 선언서를 집필한 조소앙이 당시 통합 종교를 구상하고 있던 육성교六聖敎적인 사고방식도 일부 반영되어 있다는 지적이 따른다.

'노인단' 취지서 작성하고 항일투쟁

박은식은 블라디보스토크의 한인촌에서 국내의 3·1혁명 발

발 소식을 들었으나 당장 국내로 달려올 수 없는 처지였다. 그
래서 이곳의 한인 대표들과 3월 26일 신한촌 김치보의 집에서
대한국민노인동맹단(노인단)을 조직하였다. '노인단'은 단장 김
치보·총무 김순약, 의장 이일, 의원 이윤·박희평·한승우·이득
만·윤여옥·주옥정·강석기 등과 서기에 서상거를 선임하였다.

'노인단'의 특징은 회원의 나이를 46세 이상 70세까지로
연령 제한을 두었다는 점이다. 설립 당시의 회원은 320명에
달하였다. 지금은 나이 46세면 중년으로 보지만 평균 연령이
짧았던 당시는 노인급에 속하였다.

청장년들은 생업에 종사하고 노인들이 조국의 독립을 위해
신명을 바치자는 뜻이 담겼다. '노인단'에는 박은식을 비롯하
여 미국에 있던 서재필도 가입하고 청산리대첩의 영웅 홍범도
도 참여하였다. 1919년 9월 2일 서울 남대문역에서 사이토 마
코토 총독을 저격한 강우규 의사는 간도 요하현 지부의 책임자
였다.

'노인단'의 항일투쟁은 국내외에서 여러 차례 감행되고, 짧
은 기간에 수천 명의 단원이 가입할 만큼 조직이 크게 확산되
었다.

박은식이 작성한 '노인단'의 「발족 취지서」의 요지는 다음
과 같다.

단군신조께서 대동천지의 금수강산을 우리 종족의 생활기지로 개척하시어 예의 문물을 만들어 주신 아래로 자자손손 계승되어온 4천3백여 년의 창업 찬란한 역사가 섬나라 종족의 강탈을 당하여 삼천리 강역은 저들의 감옥이 되고 2천만 형제는 저들의 노예가 되었으니 육체의 생명은 저들의 도마 위의 고기가 되어 있고 농상의 산업은 저들의 주머니로 돌아가 위험한 지경에 처했으니 고통을 끝이 없다.

국내·외에 있는 노인의 통계가 기백만에 달하니 이 기백만의 호발황욱(머리가 희고 얼굴이 누르다는 뜻)이 죽음을 각오할 경우에는 적인을 오히려 가볍게 여길 수 있을 것이다. 우리의 육신이 세상에 존재할 기한이 과연 얼마나 되겠는가?

만약 우리가 조국의 독립을 회복하여서 우리의 자손으로 하여금 독립국인이 되게 할 수 없다면 설사 우리가 전택과 금전을 자손에게 물려주고 학문과 기술을 자손에게 물려준다 하더라도 다른 민족의 노예상태를 벗어나지 못할 것이므로 우리의 죄악을 씻고 원한을 풀기 위하여 노인동맹단을 조직한다.[4]

일본정부에 '독립요구서' 보내

박은식의 활동은 이에 멈추지 않았다. 이해 6월 24일 김치
보·박희평과 3인 명의로 「대한국민노인동맹단이 일본 정부에
보낸 독립요구서」를 작성하여 일본 정부에 발송하였다.

장문의 내용 중 앞부분과 마지막 대목을 소개한다.

노령에 있는 대한국민노인동맹단은 피를 토하면서 삼
가 대일본제국 정부 대신 각하에게 고충을 진술하는 바이
다. 비인鄙人들은 나라를 잃고 살아 남은 몸이 이역 땅에 굴
려와서 늙고 병들어서 구렁텅이에 떨어지는 것도 달갑게
여기고 있다.

우리나라 인민들이 피 흘려 독립을 쟁취하기 위하여 참
극을 연출하고 있는 이 때, 다른 나라 민족들도 모두 놀라
운 마음으로 시선을 모아 지켜보고 있다.

하물며 비인 등 그들의 부로父老가 되고 친속親屬이 되
는 자이겠는가? 그대들은 우리로 하여금 청년 자제들을 홀
로 사지에 나가게 하고 두려운 마음으로 보고만 있으란 말
인가? 그런 때문에 우리 동맹은 선서하고 구구한 분수와 시
의를 표시하려는 것이다.

돌이켜 생각해 본다면, 우리 나라 청년들이 기꺼이 흰

칼날을 무릅쓰고 이 같은 행동으로 나오는 것이 혈성을 가지고 국민의 행복을 도모하려는 것이다. 비인 등도 한갓 죽는 것만을 가지고 영예로 삼지 않아서 두 나라의 이해관계를 위하여 약간 연구한 바가 있기로 여기에 감히 외람되게 진술하는 것이니, 굽어살피기 바란다.

귀국은 일찍이 열심히 우리나라의 독립을 주장해 왔으며, 여러 번 천하에 대하여 성명을 내기까지 했었다. 그런데 마침내는 이 같은 약속을 포기하고 우리나라를 합병하고 말았다.

어찌하여 귀국은 동양의 평화를 유지하고 인민의 행복을 증진시킨다는 말을 하지 않고, 이제 와서 그것과는 상반되는 행동으로 나왔단 말인가? 그렇다면 정책의 득실에 대해서도 또한 다시 한 번 생각해 볼 바가 있는 것이다.

귀국은 청국 및 러시아와 싸워서 이긴 위세를 가지고 홀로 동양을 제패하여 우리 나라를 합병하고 말았다. 일이 순조롭게 이루어지고, 아무런 장애도 받지 않게 되자, 귀국 정부는 마음을 놓고 큰소리를 치며 말하기를, "우리는 이미 한국 사람을 정복했으며, 한국 사람을 동화시켰다"고 한다. 그러나 어찌 그 내정이 그렇지 않다는 것을 생각지 않는가? 대체로 강대한 것을 가지고 약소한 것을 병탄하는 일이 어느 나라엔들 없으리오마는, 그 인종의 품격이 서로 비슷하고, 종교·역사·언어·문학이 나라의 특성을 가지고 지켜 내려오는 전통이 있을 경우에는, 한때 비록 강제로 합쳤다 하더라도 마침내는 분리, 독립시키는 것이 각국의 관례로 되어 있다.

우리 나라로 말하면, 귀국이 정치를 유신하고 교육을 진흥시키며, 온나라 인민이 크게 진작하고 있는 이 때에 잘못 구습을 지켜서 스스로 약화되는 일을 취했었다. 앞선 자가 이기고 뒤떨어진 자가 패한다는 것은, 그 형세가 반드시 그러한 것이니, 어찌 말할 수 있겠는가?

그렇지만 인종의 자격, 역사의 근거, 종교의 세력, 문학의 보급, 노농의 발달, 태국적인 관계, 시세의 동기 등 어느 것이나 합병해서는 안될 원인이 있다.

귀국이 오늘날에 우리의 독립주권을 돌려 준다면, 우리 나라는 이내 악수하고 영원히 우호관계를 맺을 것이다. 이것은 곧 우리 인민의 일반적인 심리인 것이다. 다만 자주독립을 획득하지 못하고 기반의 고초를 겪고 있기 때문에 여기에서 벗어날 것을 생각하여 결사적으로 피흘려 투쟁하는 것이다.

귀정부에서는 이것을 가리켜 배일운동이라고 한다. 홀로 그것이 진정에서 친일하려는 것이며, 영원히 친일하려는 것이라는 것을 모른단 말인가? 그리고 우리 나라 인민은 무기를 가지지 않고, 맨손으로 분발하고 있다. 만일 독립을 얻을 수 있다면 이것을 가지고 귀국이 힘이 부족해서 독립을 주었다고 하겠는가?

반드시 그와 같은 행동이 어디까지나 정의에서 나온 것이라는 것을 인정할 것이다. 신인神人이 모두 기뻐하고 산하가 다시 새로워져서 귀국의 위광이 사방에 비치고 은택이 만대에 흐를 것이다. 이 어찌 아름답지 않겠는가? 비나니 일찍이 이를 정책으로 결정하고 실시하여 우리의 대국을 다행하게 하고 우리의 동족을 복되게 하라. 천만 번 빌고 바라는 바이다.[5]

박은식은 1919년 8월 29일 신한촌 한인학교에서 열린 국치일 행사에서 수천 명이 참석한 동포들을 상대로 강연을 하였다. 한국민족의 건국사를 설명하면서 국치를 겪게 된 과정과 독립의 당위성에 대해 열변을 토하였다.

우리 한국은 여차 역사를 가지고 동방예의지국으로서 세계각국의 지극존영한 바 되었지만 국운 불행하여 지금으로부터 9년 전 일본에 합병되어 금일에 이르기까지 세계에 대하여 수치를 아직 면할 수 없는 이것 다른 것이 아니라

아민족의 단체가 있지 않은 연고이다. 그렇다면 아 한국광
복의 희망있는 금일에 당하여 실력을 배양하고 4천 5백여
년 장대한 역사를 회복하여 10년간 노예의 치욕을 면하기
를 원하지 않으면 안 된다.[6]

박은식은 블라디보스토크 지역에서 항일투쟁을 하는 틈틈
이 『발해사』와 『금사金史』를 역술하고 『이준전』을 찬하였다.
또 『한인신보』 사에서는 1917년에 간행했던 『애국혼』을 재간
하였는데, 이 책에 게재된 『만고의사 안중근전』은 박은식의
『안중근전』을 저본으로 삼았다.

박은식에 대한 일제의 감시망은 이곳에서도 멈추지 않았
다. 그는 일본 첩보기관이 1918년 10월에 작성된 러시아 지역
주요 항일인사들 즉 이동휘·이범윤·정재관·백순·유동열·이범
윤·윤창범 등과 함께 요주의 인물 블랙리스트에 올라있었다.[7]

박은식은 『한인공보』가 정간되면서 블라디보스토크 지역
한인 마을을 두루 순방하면서 한국의 역사를 가르치고 일제의
병탄과 처참한 국내 상황을 강연을 통해 알렸다. 동포들의 민
족의식을 일깨우고 애국심을 고취하려 한 것이다.

박은식은 '노인단'의 「일본 정부에 보낸 독립요구서」를 직
접 일본 정부에 전하고자 블라디보스토크의 일본 총영사관으
로부터 증명을 얻어 일본으로 가고자 했으나 여의치 않아 상하

이에서 가는 방법을 찾고자 1919년 9월 하얼빈을 경유하여 상하이로 갔다[8]고 일제의 정보문서는 기록했다. 박은식은 1918년 6월 말부터 1919년 9월 초순까지 14개월 정도 러시아의 연해주 활동을 마치고 다시 상하이로 귀환하였다.

총독부, '한국통사' 등에 대응하여 '조선사' 편찬

일제는 1919년 3·1혁명이라는 조선인들의 거센 저항을 겪고 형식적으로나마 무단통치 대신 문화정치를 표방하고 나섰다. 새로 부임한 사이토 총독은 조선 역사의 말살을 기도하면서 '조선사편찬위원회(이하 조편위)'의 설치를 서둘렀다.

박은식의 『한국통사』를 비롯 망명지사들의 사서가 은밀히 국내로 반입돼 읽히는 것도 배경이 되었다. 총독부는 1922년 12월 훈령 제64호를 통해 설치 규정을 제정하고 곧이어 '조편위'를 구성하였다.

그런데 사이토는 '조편위'의 설치에 앞서 교육시책을 발표했다. 그것은 "① 먼저 조선 사람들이 자신의 일·역사·전통을 알지 못하게 만들어 민족혼·민족문화를 상실하게 하고, ② 그들의 조상과 선인들의 무위 무능과 악행을 들추어내 과장하여 가르침으로써 조선의 청소년들이 그 부조를 경멸하는 것을 하나의 기풍으로 만들고, ③ 그 결과 조선의 청소년들이 자국의 모든 인물과 사적에 관하여 부정적인 지식을 얻어 실망과 허무감에 빠지게 될 것이니 그때에 일본 서적·일본·인물·일본 문화를 소개하면 동화의 효과가 지대할 것이다. 이것이 제국 일본이 조선인을 반#일본인으로 만드는 요결인 것이다"라고 하였다.

조선사 편찬 작업이 바로 이러한 일제의 의도를 실현시키기 위한 일환이었음은 물론이다.

이렇게 시작된 일제의 조선사 왜곡과 날조는 결코 일부 사학자들만의 작업은 아니었다. 그들이 조선사 편찬 작업에 어느 정도로 비중을 두고 열성적으로 임했는지는 조편위에 조선총독이 빠지지 않고 참석하고, 조선총독부의 제2인자인 정무총감이 조편위 위원장을 맡는가 하면, 총독부 주요 인물과 일본의 명성 있는 사학자들을 위원으로 끌어들인 데서도 잘 나타난다.

총독부의 막강한 지원을 받으며 출범한 '조편위'는 1923년 1월부터 총독과 정무총감이 배석한 가운데 조선사를 왜곡하는 '위서' 만들기에 본격적으로 착수했다. 당시 일본의 대표적인 어용사학자들도 지도고문으로 추가되었다. 한국인 중에는 역사학자 이병도 등이 참여하였다.

조선사의 말살·왜곡 작업은 애초 총독부 취조국에서 관장했던 것인데, 이를 1915년 중추원으로 이관하여 편찬과를 설치하고 『조선반도사』의 편찬 업무를 전담하도록 하였다.

조선총독부가 매국노들과 어용학자들을 동원하여 작성한 이른바 「조선반도사 편찬 요지」의 내용은 다음과 같다.

이 백성의 지능과 덕성을 개발하여 그들을 충량한 제국 신민으로 만들기 위해…이번에 중추원에 명하여 『조선반도사』를 편찬하게 한 것도 또한 민심훈육의 일단에 기하고자 함이다. 일본에서는 '신부新府의 인민을 교육함'을 불평과 반한의 기풍을 조장하는 결과로 끝나는 것이 상례라고 하고….

이제 조선인에게 조선역사를 읽는 편의를 제공하면 그들 조선인에게 옛날을 생각하여 그리워하는 자료를 제공하는 결과가 된다고 하지만……조선인들은 독서와 작문에 있어서 문명인에게 떨어지지 않아 그들을 무지 몽매 억압하기는 오늘날 시세時世에서는 불가능한 일이다.……조선에는 고래의 사서가 많으며 또한 새로이 저작한 것이 적지 않다.

그러한 바 전자의 것은 독립시대의 저술로서 독자로 하여금 독립국의 옛날 꿈에 빠지게 하고……『한국통사』 등

후자는 근대 조선의 청일, 노일간의 세력 경쟁을 서술하여 조선이 등을 돌릴 길을 밝히고 있으니 이들 사서가 인심을 심히 곤혹케 한다.

그러나 이러한 사설들의 '절멸'을 기함은 오히려 그것의 전파를 조장하는 결과를 초래할 것이다. 그러나 차라리 '공명·정확'한 새로운 사서를 읽히는 것이 조선인에 대한 동화의 목적을 달성하는 첩경이며 또한 그 효과도 현저할 것이다.……

이것이『조선반도사』편찬이 필요한 이유요, 또한 편찬 사업의 근본정신이다.(조선총독부 중추원「조선사편수회 사업 개요」)

일제는 병탄 초기부터 조선사 관련 수많은 사서를 찾아서 불태우거나 아주 중요한 사료는 일본으로 실어 갔다. 그러고도 조선의 민족정신을 두려워하며 식민사관에 기초해 왜곡되고 날조된『조선반도사』를 편찬했다.[9]

『한국통사』가 국내에서 처음으로 간행된 것은 1946년 6월 15일, 서울 소재 삼호각이란 출판사였다. 그것도 박은식이란 저자 대신 "편집 겸 발행자 김영세金榮世"의 이름으로 간행되었다.

박은식의 저서는 일제의 금서목록에 들어서 국내에서는 많이 보급되지 않았던 것을 중국에서 책을 구입하여 간행한 것이다. 김영세는 친일행적이 있는 사람이다. 그런 사람이 낯 두껍게도 독립운동 지도자의 저서를 도둑 출판한 것이다. 그러나 한 가닥 양심은 있었던지 저자라고 명기하지 않고 '편집 겸 발행자'라고 표기했다.[10]

8장

임시정부기관지 '독립신문' 책임 맡아

임시정부의 '독립신문'을 주관하다

1919년의 3·1혁명은 우리 독립운동사뿐만 아니라 한국 근현대사에 큰 구획점이 되었다. 2천만 조선 민중의 10분의 1 이상인 2백20만 명이, 전국 각지에서 만세시위에 참가하여 범민족적인 독립선언을 하였다.

서울 시내에 살포된 지하 신문에서는 민주공화제를 주창하고, 국내외 7, 8곳에서 임시정부 수립론을 제기하였다. 3·1혁명을 계기로 해외 각지에서도 한인들의 만세시위가 잇따르고 만주와 블라디보스토크에서는 무장투쟁이 전개되었다.

국내에서는 4월 2일 인천 만국공원에서 천도교 대표 안상덕, 예수교 대표 박용희·장붕·이규갑, 유교 대표 김구, 불교 대표 이종욱 등 20여 명이 모여 임시정부를 수립, 선포할 것을 결의하고 4월 중순에 국민대회를 소집하기로 하였다.

한성정부는 집정관 총재 이승만, 국무총리 총재 이동휘, 외무총장 박용만, 내무총장 이동녕, 군무총장 노백린, 재무총장 이시영, 법무총장 신규식, 학부총장 김규식, 교류총장 문창범, 노동국총판 안창호, 참모총장 유동열 등을 선임하고, 박은식은 평정관平定官에 임명되었다.

최근 연구 성과에 따르면 한성임시정부는 '벽상조각壁上組閣' 성격의 수준이었다고 한다. 일제의 감시와 탄압으로 실제 집회가 이루어지지는 못하였다는 것이다.

1919년 4월 10일, 상하이에서 조선 8도 대표 29인으로 구성된 임시의정원이 수립되어 여기서 임시헌장 10개조를 채택·발표하고, 11일 임시정부를 선포하였다. 당시 각료로는 임시의정원 의장 이동녕, 국무총리 이승만, 내무총장 안창호, 외무총장 신규식, 법무총장 이시영, 재무총장 최재형, 군무총장 이동휘, 교통총장 문창범 등이었다.

박은식은 1919년 4월 블라디보스토크에 머물고 있으면서 유지 30여 명과 대한민국 임시정부 수립 축하문을 발표하였다. 이때 그의 나이 61세, 오랜 망명생활과 집필활동으로 상당히 기력이 쇠진한 상태에 있었다.

박은식은 1919년 8월 블라디보스토크를 떠나 상하이로 돌아왔다. 상하이로 온 박은식은 안창호·이광수 등 33인과 대한

독립신문

민국임시정부 사료편찬위원회의 책임을 맡았다. 갓 출범한 임시정부가 대한민국의 법통을 잇는 사료의 중요성을 인식하고 언론인이며 사학자인 그에게 책임을 맡긴 것이다.

　박은식이 대한민국 임시정부 기관지 『독립신문』의 주필로 선임된 때는 1921년이다. 편집국장은 차리석車利錫이었다. 『독립신문』은 임시정부가 수립되면서 1919년 8월 21일 상하이 프랑스 조계 늑로勒路 동익리에서 창간되었다. 주 3회(화, 목, 토요일) 발행을 원칙으로 매호 4면의 타블로이드판이었다. 창간 때는 제호를 한자 『獨立(독립)』으로 하여 제21호까지 사용하다가 제22호(1919년 10월 25일) 부터는 역시 한자 『獨立新聞』으로 바꾸고, 제169호(1924년 1월 1일) 부터 한글『독립신문』으로 개제하였다.

창간 초기에는 사장 겸 주필에 이광수, 편집국장에 주요한이 제작을 맡았으나 이듬해 6월 이들이 변절하여 상하이를 떠나면서 박은식, 차리석 팀이 책임을 맡게 되었다. 박은식은 이미 1920년 6월 17일자 (제84호)에 「나의 사랑하는 청년제군에게」, 「적과 전승戰勝할 능력을 기르라」는 등의 글을 기고한 바 있으며, 1921년 3월 26일자(제100호) 이후에는 「적이 홍화문을 퇴각한다」, 「왜노倭奴의 강횡强橫 익심益甚」, 「정부와 우리 민족의 관계」 등 여러 편의 글을 썼다. 하나같이 일제의 만행을 규탄하고 독립정신을 고취하는 내용이었다. 따라서『독립신문』과 박은식은 새로운 만남이 아니었다.

『독립신문』은 일제와 싸우면서 국내의 유력 일간지들이 지나치게 일제에 협조적인 논조임을 들어 이를 반박하는 논설을 싣기도 하였다. 이 무렵 박은식의『한국독립운동지혈사』상편과『이순신전』을 신문사에서 간행하였다.

일제의 탄압과 재정난 등으로 신문발행이 크게 어려워졌다. 그러나 임정은 신문의 중요성을 인식하고 독립운동의 지도자이자 항일 언론의 원로인 박은식을 1924년 책임자로 임명하였다. 임정 지도부는 독립운동과『독립신문』발행을 일체화하였는데 그만큼 기관지의 역할을 비중 있게 평가한 때문이다.

비록 주 3회의 초라한 신문이지만 임정의 활동을 대외적으로 알리고 일제와 최전선에서 싸우는 역할에는 기관지 만한 것도 찾기 어려웠다. 또 당시 상하이 거주 1천여 명의 한족을 애국심으로 묶고 정보를 나누는 데『독립신문』이 큰 역할을 하였다.

임정이 박은식을 새 사장에 위촉한 것은 갈수록 어려워지는 경영난을 타개하고 신문의 기능을 극대화하려는 조처로 인식되었다. 그러나 당시 임정의 여러 가지 사정을 봤을 때 박은식이 기관지의 책임만 맡고 있기에는 상황이 너무 급박하였다. 그래서 이해 연말 국무총리 겸 대통령서리에 선임되고 1925년 3월에는 임정의 제2대 대통령에 추대되면서 신문사를 떠났다.

40세에『황성신문』주필에 선임된 이래 국내외에서 유무명 항일언론기관의 책임 있는 역할을 하다가 임정 기관지『독립신문』의 주필과 사장에 이어 최고 통수권자인 대통령으로 추대되면서 파란만장한 언론생활에서 손을 떼게 되었다.

일제를 향한 매섭고 날카로운 필봉

박은식은 전통적인 유학자의 가문에서 출생하여 정통주자학을 신봉하며 성장하였다. 그럼에도 종래의 주자학적 인간관이나 위정척사파의 상고주의적 역사관, 변법적 개화파의 문명사관에서 벗어나 서양의 진화론적, 역사인식을 수용하게 되었다. 이것은 박은식 사상의 '코페르니쿠스적' 변화로 지적된다.[1]

당시 유학자들이 그랬듯이 박은식도 한때 (6년 동안) 참봉으로 동명왕릉 능참봉 등 관직생활을 하였다. 그 무렵(1894년)에 벌어진 동학농민혁명과 갑오경장은, 비록 당시 동학혁명이 동비東匪들의 반란으로 갑오경장이 사설邪說로 비판되고 있었지만, 전통적인 유학자 출신의 하급관리 박은식에게도 큰 충격으로 다가왔다.

조선왕조는 삼정三政의 문란으로 도처에서 민란이 일어나고 일본과 청국은 동학혁명을 빌미삼아 한국에 군대를 진주시켰다. 그렇지 않아도 흔들거리던 조선왕조는 이로써 자주성과 독립성을 잃게 되고 외세의 간섭과 지배에서 헤어나기 어렵게 되었다.

박은식이 주자학적인 사상체계에서 서양의 사회진화론적 역사인식과 과학사상의 방법론으로 인식의 전환을 하게 된 것은 19세기 말과 20세기 초의 시대적 상황도 큰 영향을 끼쳤지만, 젊은 시절 다산 정약용의 제자였던 신기영과 정광섭을 만나 다산학에 심취하여 다산의 정치, 경제, 사회 등 여러 분야의 학문을 섭력한 것도 일정한 역할을 한 것으로 분석된다. 다산학에 대한 관심은 박은식으로 하여금 다산의 다양한 저술을 접함으로써 실사구시의 학풍을 갖게 되는 중요한 계기가 되었다.

젊어서 다산의 실사구시 사상의 세례를 받은 박은식은 변화하는 세계사조 중에 인권사상과 진화론을 수용하면서 위정척사 쪽의 보수계열보다 자유민권 쪽의 진보대열에 서게 되었다.

격변기의 조선 사회는 위정척사사상, 개화사상, 동도서기론東道西器論, 보국안민, 계몽사상, 사회진화론, 천택론天擇論(자연도태론), 양육강식, 자강사상, 대동大同주의 등 온갖 신구사상과 사조가 밀려들어 한말의 식자들을 어지럽혔다.

이러한 변혁기에서 박은식은 신학문과 신지식에 지대한 관심을 갖게 되었다. 박은식은 스스로 후일 "40세를 맞으매 여余도 일가 학설의 사상이 적이 변동됨으로 우리 선배의 엄금하던 노, 장, 양, 묵, 신, 한의 학설이며 불교와 기독교의 새로운 흐름에 교리를 모아 종관하게 되었다"라고 술회하였다.

박은식의 공식적인 첫 대사회 활동은 1898년 독립협회에 가입하여 회원이 되고 만민공동회의 문교부장급 간부로서 참여하면서 파란만장한 애국적인 활동이 시작된다.

열강들의 이권침탈과 침략간섭 정책이 날로 치열하여, 국가존립이 위기에 몰리자 독립협회 간부들은 대대적인 내정개혁을 요구하는 한편 적극적인 민족운동을 전개하고 나섰다. 민족운동의 하나가 만민공동회였다. 독립협회 회원들은 만민공동회의 민중운동을 통해 자주민권 자강운동을 전개하였다. 1898년 서울에서 열린 만민공동회에서는 15가지 대정부 개혁 안 가운데 의회설립과 언론과 집회의 자유권을 요구하였다.

독립협회는 주자학과 위정척사사상에 젖어있던 낡은 애국 적 인사들을 근대적 자주민권 자강사상을 가진 계몽주의 사상 가로 전환시켰다. 대표적인 사례가 박은식·장지연·신채호 등 과 같은 애국계몽운동가의 경우이다.[2]

박은식이 자유민권사상의 세례를 받은 것은 『독립신문』이 었다. 서재필과 개화파 지식인들의 합작품으로 1896년 4월에 창간된 이 신문은 우리나라 최초의 민영 일간지로서 타블로이 드판 4면의 격일간지(초기)에 불과했지만 『한성순보』 이래 근 대적인 신문으로서는 처음으로 발행되어 국민의 의식과 사상 의 변화에 큰 영향력을 발휘하였다. 『독립신문』이 독립협회의 기관지가 되면서 정부를 비판하고 근대 민족주의 사상, 민주주 의 사상, 자주근대화 사상을 강조하여 독립협회 회원과 일반 국민의 교육에 크게 기여하였다.

박은식이 직접 『독립신문』의 제작에 참여하거나 글을 쓴 것은 아니었다. 그렇지만 이 신문의 역할은 국정개혁과 열강의 침략간섭 비판, 국민계몽운동에 크게 기여하게 되었다. 이 신 문은 역사상 최초 민간지로 창간되어 국민에게 신문의 사회적 역할과 그 중요성을 알게 하고 여론과 공론을 형성하여 정치활동을 전개하는 방법을 확립하였으며, 한말 신문과 출판문화의 발흥에도 큰 영향을 끼쳤다.

그리고 백성이 나라의 주인이고 관리는 임금의 신하요 백성의 종에 불과하다고 하여 국민을 관리뿐만 아니라 군주보다 상위에 둠으로써 국민주권사상과 민주주의사상을 대대적으로 보급하였다. 또 국민의 권리를 갖고 그 권리를 행사할 때 나라의 독립도 지킬 수 있다고 주장하고 국민의 참정과 의회의 설립을 주장하였다. 그리하여 국민주권사상과 민주주의사상을 보급하고 민권을 신장시키는 데 큰 공헌을 하였다.

박은식은 이와 같은『독립신문』의 역할과 기능을 지켜보면서 신문의 중요성을 인식하게 되고『황성신문』의 창간에 적극 참여하여 향후 서거할 때 까지 독립운동의 방편으로 언론활동의 중요성을 인식하게 되었다. 신용하는 독립협회 회원의 계보를 단순화하여 서구 시민 사상의 영향을 크게 받고 이를 적극적으로 흡수하여 개화자강을 추진한『독립신문』계통과 국내의 개신유학적 전통을 배경으로 한 단계 더 발전하여 서구 시민사상의 영향을 취사선택하여 개화자강을 추진한『황성신문』계통으로 나눈다면 박은식은 분명히「황성신문」계통에 속했었다고 말할 수 있다고 지적한 바 있다.

앞서 소개한 대로 박은식은 언론활동과 관련하여 일제의 침략을 비판하는 날카로운 필봉 때문에 일본헌병대에 구속되었다가 풀려나오기도 하고, 1910년 유교개혁의 일환으로 『왕양명실기王陽明實記』를 저술하였는데, 최남선이 이를 『소년』지에 전재하였다가 일제가 이를 불온 서적으로 몰아 판매를 금지, 잡지를 폐간시키는 등의 필화를 겪기도 하였다.

박은식의 글이 얼마나 매섭고 사리분별력이 강했던지 중국 청대 말기의 정치지도자·사상가인 강유위는 "법필法筆이 사공(사마천)의 정수를 득하였다"고 평가하였다.

근대적 계몽주의 언론사상가

박은식은 독립협회 시절부터 신문의 중요성을 충분히 인식하고 있었다. 그리고 젊은 시절부터 소문난 문장력과 청장년기에 읽은 동서고금의 각종 서책 특히 개화과정에서 접하게 된 신학문 서적의 덕분으로 계몽시대 언론인으로서 적합한 식견과 통찰력을 갖기에 이르렀다.

이렇게 하여 『황성신문』, 『대한매일신보』, 『대한자강회월보』, 『서북학회월보』 등 주요 신문과 잡지를 택하게 되고 해외 망명기에도 거의 언론활동을 통한 독립운동의 방법론을 취하게 되었다. 이러한 과정에서 영웅전·통사·혈사 등 민족주의에 관한 각종 사서를 쓰고, 만주 지역 동포들에게 만주가 옛 우리

나라 고토임을 인식시키고자 『몽배김태조』 등 사서를 저술하였다.

박은식이 애국계몽과 구국항일의 서릿발 치는 논설에서 민족주의 사학연구로 일시적인 전환을 보인 것은 1910년 강제합방이 계기가 되었다. 일제는 한국을 식민체제화 하면서 가장 먼저 한국의 모든 언론기관을 폐쇄하고 애국계몽기에 간행된 각종 역사서와 애국적 서적들을 금서로 압수, 소각하였다. 박은식의 서적들도 모두 압수, 금서 조처되었다. 박은식으로서는 당장 언론활동의 방법이 없기도 하였지만, 그의 국혼사상은 망국과 함께, 이를 계기로 더욱 절실하게 응집되었다.

1915년 "나라는 멸망할 수 있으나 그 역사는 결코 없어질 수 없다"는 의지의 『한국통사』는 이와 같은 필요에서 집필되었다.

박은식의 망명생활은 고난의 연속이었다. 식민지시대 애국지사들의 생활이 다 비슷하였지만 특히 청빈한 선비언론인·역사연구가인 그의 생활은 어렵고 고달프기 그지없었다. 그런 속에서도 만주와 러시아지역 한인촌의 여러 학교와 마을을 돌아다니면서 우리 동포들의 독립사상을 고취시키고 열악한 교포신문을 통해 일제와 가열차게 싸웠다.

베이징에서 일본 관헌의 수색으로 중국 경찰청에 구속되기도 하고(1912년), 전 청국제독 오장경의 손녀 오아란의 집에 기거하면서 『대동민족사』를 저술하였다. 이 시기에 이상설, 신규식, 유동열 등과 독립전쟁의 준비 단체로 신한혁명당을 창당하면서 그 취지서를 쓰고, 다시 상하이로 돌아와서는 신규식과 함께 '대동보국단'을 조직하여 그 단장에 추대되었다. 1920년에는 상하이에서 신한청년당의 기관지 『신한청년』의 주간을 맡아 언론활동을 통해 임시정부를 지원하고 상하이거류민단의 활동을 지도하면서 『사민보』, 『구국일보』 등 주간을 맡아 항일언론의 선봉장으로 활동하였다.

박은식의 활동영역은 언론뿐만 아니라 독립운동, 역사, 교육, 대종교활동 등 다양했지만 활동의 중심은 항상 언론을 통한 민족해방 운동이었다. 민중이 역사의 주체가 되어 민족해방을 쟁취해야 한다는 대단히 진보적인 그리고 실용주의적인 역사관이었다. 여기에 '국혼론'으로 식민지 민중을 무장하고자 역사연구를 병행하였다. '민중'을 역사의 주체로 각성시키고 동원하기 위해서는 언론활동이 필요했던 것이다.

박은식은 마지막으로 『독립신문』의 주필과 사장을 맡아 임시정부의 조직·선전·이론을 주도하고, 이어서 대통령에 추대되어 분열상태의 임정을 내각책임제로 바꾸어 다수 참여의 체제를 구축하고, 『건국사』를 쓰지 못한 채 운명하였다.

박은식의 언론활동과 언론사상은 개화기 지식인으로서 애국계몽운동에서 출발하여 국내외에 걸쳐 동포들의 독립사상을 고취하고, 깨우친 민중의 힘으로 일본제국주의와 싸워 독립을 쟁취하고자 했던, 가장 투철한 애국사상가이고 근대적 민족언론 사상을 계발하고 실천한 활동가였다.[3]

'독립신문'에 쓴 우국의 논설

박은식은 『독립신문』 주필·사장을 맡아 신문을 제작하면서 그리고 신문사를 떠난 후에도 임시정부 각료들의 단결을 격려하고, 일제의 죄악상을 질타하는 등 우국열정이 담긴 수편의 논설을 썼다. 대표적인 논설은 「적을 전승戰勝할 능력을 구하라」, 「우리 국민이 기대하는 정부제공에게」, 「조속회개하여 대동단결에 노력하자」, 「왜노의 횡포가 더욱 심하다」, 「정부와 우리 민족에게」 등을 들 수 있다. 그 내용을 다음에 싣는다.

적을 전승戰勝할 능력을 구하라

오늘날 우리가 손에 촌철을 가진 것이 없고, 입에 다만 만세소리만 가지고 적의 날카로운 칼과 큰 대포를 마치 아무 것도 아닌 것처럼 보고 분투를 시작한 것은 무슨 능력을 믿고 하는 것인가? 그것은 결코 무력이나 금력이나 물질력을 믿고 일어난 것이 아니라, 오직 세계 인류의 평화사상과 인도주의로써 강포하고 불법한 군국주의를 제거하려는 새로운 기운에 순응해서, 무기를 쓰지 않고 독립의 자유를 얻는 새로운 기원을 순응해서, 무기를 쓰지 않고 독립의 자유를 얻는 새로운 기원을 세계역사에 개창코자 하는 것이다.

이것은 우리 독립선언서의 광명정대한 취지가 우리의 의사를 대표해서 세계에 선언한 바이요, 세계 각국의 평화를 사모하고 정의를 주장하는 인사들이 모두 우리를 대하여 동정을 표시하지 않는 이가 없는 것이 또한 이 때문인 것이요, 결코 우리가 무력이나 금력이나 물질력이 있다고 해서 동정을 주는 것이 아니다.

그렇다면 우리가 오늘날에 적과 싸워서 이기는 능력은 오직 우리의 인도주의로써 적의 군국주의를 성토하여 우리의 인仁을 가지고 적의 사나운 것을 치며, 우리의 바른 것을 가지고 적의 간사한 것을 친다면 결코 승리를 얻지 못할 이치가 없을 것이다.

왜냐하면, 오늘날 세계에 인도주의로써 군국주의를 제고하고자 하는 것은 인류 대다수의 의향이요, 적의 국내에도 유식한 인사들은 모두 군벌파의 무력주의를 미워해서 이것을 제거하고자 하는 자가 많다. 그러면 적의 군벌파도 말로에 임박한 것은 세상 사람들이 모두 말하는 바이다.

그런데도 저들은 오히려 깨닫지 못하고 오직 강포한 무

력을 가지고 침략을 쉬지 않아 각국의 시기와 노여움을 받고, 국민들의 반감을 더하고 있다. 그러니 어떠한 방면에서 정의군의 대세가 길이 몰고 나가는 날에는 적의 군벌파가 비운에 빠질 것은 명약관화한 사실인 것이다.

그러면 우리가 이미 적수공권으로 세계평화와 인도주의자의 선봉이 되어, 저 군국주의자와 자웅을 결단하고자 하는 처지에 놓여 있으니 먼저 우리 사회의 자체부터 광명순결한 행동을 취하여 독립선언의 취지를 실지로 이행해야 세계 인류가 모두 우리를 보고 도덕이 풍부한 민족이라고 할 것이며, 또 문화의 정도가 독립하기에 넉넉하다고 할 것이며 과연 정의와 인도의 선도자라는 승인을 얻는다면, 우리가 최종의 개선을 얻어서 독립자주의 완전한 행복을 얻을 수 있을 것이다.

그렇지 말고 만일 우리 사회 가운데에 광명순결한 행동으로써 진보 발전을 하지 못하고 혹 무익한 시비를 가지고 동지들 사이에 시기하고 알력하는 일이 생기거나 혹 경망하고 추솔한 행동으로 남의 악평을 사서, 우리 민족의 도덕이 부패하다거나 문명의 정도가 아직 유치하다거나 또는 독립의 자격이 아직 완전치 못하다 하게 되면, 이것은 우리 국민의 생맥을 우리 손으로 끊는 것이다.

그러니 몇 사람 개인의 실패는 족히 아까울 것이 없거

니와 5천년 역사와 2천만 생명이 또 어떠한 비경에 빠지겠는가. 오늘날 우리가 국가와 민족을 위해서 생명을 희생시키라고 하면서 개인 사이에 사소한 감정을 이기지 못하여 전체 사회에 영향이 미치는 것을 생각하지 못한다면 그 허물을 누구에게 돌릴 것인가. 필경은 자기가 천추만대의 죄인이 되는 것을 면치 못할 것이다.

그뿐만 아니라 오늘날 우리 형편으로 말하면, 개인이 지은 죄가 그 사람의 죄만 되는 것이 아니라 사회 전체가 모두 그 죄를 뒤집어쓰게 될 것이니, 어찌 전전긍긍할 일이 아니랴. 대체로 우리 민족의 성격으로 말하면, 인자한 도덕과 명민한 지혜가 딴 민족보다 우월하다 할 것이나 우리가 우리의 장점만 알고 단점을 숨기는 것은 스스로 자기 몸을 닦고자 하는 본의가 아니다. 그래서 우리 성질의 단점을 불가불 말하지 않을 수가 없다.

대체로 우리 사회의 풍기가 문아文雅한 태도는 남음이 있지만, 경조부박해서 침착하고 웅장한 성격이 부족하고 편협하고 얕아서 관대한 풍도가 부족하다. 옛 사람이 말하기를 "경輕한 것이 가장 일에 해롭다" 했고, 또 말하기를 "편협한 데에서 여러 가지 병통이 생긴다" 했다. 전부터 내려오면서 우리 사회의 실패한 사실이 흔히 경박하고 편협한 데에서 생겨났다.

몇 백년 사이에 허다한 실패의 역사를 일일이 들어서 말하기는 어렵다. 그래서 여기에서 그치거니와 아무쪼록 우리가 각자 그 성실의 병통과 행동의 과실을 반성해서 마음속의 적을 먼저 없애고 외면의 적을 몰아낼 것이다.

그리고 오직 침착하고 웅장한 성격과 관대한 풍도로써 경망하고 사나운 행동과 시기하고 알력하는 악습이 없어야만 광명순결한 사회가 되고 광명순결한 사회가 되고서야 정의인도의 기치로 적의 강포하고 불법한 것과 싸워 이기는 결과가 있을 것이다. 그러니 이것을 어찌 느리고 절실하지 못한 일이라고 하겠는가. 바라건대 깊이 생각하고 간절히 힘쓸지어다.[4]

우리 국민이 기대하는 정부 제공에게

금일 우리의 독립운동은 2천만 형제자매의 순연일치한 구혈口血이 합하여 된 것이므로 과거 10년간 깊이 잠적하여 아무 소리없던 한국문제가 드디어 세계의 주의를 야기케 하였다. 만일 이번 운동이 다만 기십 기백 기천인의 의義로운 피로만 되었으면 이와같이 위대한 대가를 얻지 못하였을 것이다.

우리 정부도 또한 우리 민족의 정신적 정부다. 그러므로 각료 제공은 마땅히 우리 민족의 정신으로서 의견도 내고 행동도 할 것이며 결코 아我라는 정신은 뇌리에 둘 수 없다.

만일 이와같이 시작하고서 괴롭고 위험한 시대를 당하여 대내 대외에 주시와 비평이 혹 우리 정부가 화목하지 못하다든지 혹 기관이 튼튼하지 못하다든지 혹 어떠한 충돌이 있다든지 혹 사업능력이 없다든지 하는 풍문이 흘러나가면 각료 제공의 신분관계 뿐 아니라 곧 우리 민족의 신성 장렬한 피의 활발한 기상을 훼손케하며 심하면 말살케 하는 지경까지 이를 것이니 아, 이보다 더 큰 관계는 없다 할 것이다.

제공이 몇 십년간 국사를 위하여 노심초사하고 마음과 힘을 바쳐 나라에 이바지한 역사가 있으므로 우리 국민의 위임을 받고 기대를 받았으니 제공의 충성과 밝은 지혜로써 타인의 충고와 꾸중을 기다릴 바 없으나 그러나 제갈공명의 재주와 지혜로도 많은 사람의 착함을 모으고 충성을 넓힘으로써 평생의 비결로 삼아 그 부하막료들을 대하여 항상 말하기를 제군은 다만 나의 결점을 힘써 공격하면 공을 가히 이룰 수 있고 적을 가히 파할 수 있으며 나라를 가히 흥하게 할 수 있다 하였으니 하물며 재주와 지혜가 제갈에 미치지 못해서 타인의 잠언을 잘 듣지 아니함이 좋은가. 또한 나는 제공의 옛친구다. 제공을 위하여 일차 좋은 약을 드리지 않을 수 없도다.

많은 말은 필요치 않고 다만 두 가지 좋은 약재를 펴놓으니 하나는 포용력이며 하나는 인내력이다.

대저 큰 그릇이어야 큰 물건을 수용함과 같이 사람이 큰 역량이 있은 후에야 큰 사업을 건립하는 것이다. 옛날부터 명인과 위인의 역사를 보면 다 포용하는 역량이 커서 자기를 공격하고 자기를 배반하는 자를 대하여 다 용서하고 후대할뿐더러 심지어 자기를 살해코저 하는 자도 그 원한을 풀고 그 재주를 쓰는 자가 있다.

금일 각료 제공이 어떠한 시기와 어떠한 국면에 ○○하였는가(○: 탈자). 또 우리 사회가 본래 무익한 시비에 떠들기를 좋아하는 습관이 있으니 이를 ○정○靜하고 수습하자면 타인을 포용하는 대역량을 가져야만 될 것이다.

옛날에 제齊나라의 관중管仲은 포숙鮑叔의 천거로 재상의 지위에 올라 패업霸業을 이룬 사람이다. 관중이 병이 심하매 제환공齊桓公이 손을 잡고 묻기를 "그대가 죽은 후에는 국정을 포숙에게 위임함이 어떠한가" 관중이 대답하기를 "불가합니다. 포숙은 선악의 구별이 크게 밝아 한번 타인의 허물을 보면 종신토록 잊지 않는지라, 그리고는 그 지위를 보전하지 못하여 공업을 이루지 못합니다."한 것이다. 이로서 보면 국가의 최고기관을 운영하는 자는 포용력을 가져야 될 것이다.

우리의 목적한 독립사업은 우리 2천만 동포가 다 인내력을 가져야만 될터인데, 하물며 최고기관에 있는 각료 제공은 말해 무엇하겠는가. 우리의 전진하는 길 위에 어떠한 곤란과 어떠한 장애와 어떠한 위험과 어떠한 공격과 어떠한 궁색함이 있는 것은 우리가 다 예지하고서 힘차게 전진하는 바가 아닌가. 만일 인내력이 십분 충족치 못하고는 우리 국민이 기대하고 열망하는 사업은 이루지 못할 것은 또한 잘 아는 바다.

내가 일찍이 불서佛書를 읽으매 인력대왕忍力大王이란 것이 있으니 악마의 괴수가 그 인력을 파괴하고자 하여 세계에서 싸움을 좋아하고 다투기 좋아하는 수천의 악마를 모집하여 인력대왕을 포위하고 무수한 비방과 욕설을 가하니 앉아도 욕설이요, 일어나도 욕설이요, 음식을 먹을 때도 욕설이요, 잘 때도 욕설이요, 출입 할 때도 욕설이요, 휴식할 때도 욕설이다. 이같이 비방하고 욕설하기를 일만팔천년을 지냈어도 인력대왕이 조금도 불평한 기색이 없는 까닭으로 필경 악마의 무리가 스스로 복종하여 제자 되기를 원하였다.

이것은 인력의 지대한 효력을 말함이니 금일 우리가 다 인력대왕이 된 후에야 우리의 목적을 달하겠으므로 이것으

로 제공을 위하여 드리는 바이다.[5]

조속 회개하여 대동단결에 노력하자

우리 민족 전도의 죽고 사는 문제는 단결과 분열이라는 두 마디에 있을 뿐이다. 세계 고금에 어느 나라 어느 민족을 막론하고 단결이 되고 창성하지 않는 것이 없으며, 분열이 되고 멸망치 않는 것이 있는가. 우리 선대의 고구려 역사를 증명하건대 바야흐로 그 국운이 융성하여 인민이 화목한 시대에는 서쪽으로 수당隨唐의 백만대병을 쳐부수고 남쪽으로 왜적을 물리쳐 신라와 백제를 구원한 웅장한 위엄과 패권霸權이 있으니 하루 아침에 남생男生·남건男建 형제가 각기 병권兵權을 분임分任한 나머지 타인의 이간질을 잘못 믿어 처음엔 시기하고 의심하다가 마침내 서로 싸워 8백년 사직을 전복하고 수천만 인민을 유리하여 사망케 한것이 우리 민족 만대의 수치와 통한이 아닌가.

300년 전 만주 역사를 보면 청태조 개국 초에 인민이 불과 3만이었다. 그 아들 12명 중에 제4 패륵貝勒이 제일 현명하니 장차 대선代善이 또한 장수 재목이었다. 전공戰功이 많은 자로 황위皇位 계승문제에 대하여 12형제가 협의한 결과 대선이 넷째 동생의 재주와 덕이 자기보다 수승하다 하여 대위大位를 양여하였으니 한 집안 내에 이와같은 미덕이 있는 까닭으로 마침내 중원대륙의 주인이 되어 5족五族 통치의 영광을 향유함이 300년에 이르렀다.

대저 가문이 화목하면 가도家道가 창성되고 정계가 화목하면 정치가 진전되고 단체가 화목하면 사업이 흥왕되는 것은 필연적인 결과이다. 이에 반하여 가정에 투쟁과 반목이 생기거나 정계에 당쟁이 일어나거나 단체에 충돌이 있으면 곧 패망하는 길에 빠질 뿐이다. 속담에 말한 바 벌이 꿀통 안에서 싸우면 망치지 않는 것이 없다 함이 어찌 명언이 아니겠는가.

이제 우리 민족이 반만년 역사의 신성한 조상의 기업을 회복하며 2천만 형제의 자유로운 생활을 영위하기 위하여 3·1운동 이후로 반도강산에 피꽃이 두루 피어 세계 각국 민족으로 하여금 우리에게 독립자격이 있는 것을 긍정케하여 동의를 표하는 자가 많은 가운데 중국과 러시아는 더욱 순치脣齒 관계가 절박하고 또 일본의 압박을 받음에 원수로 보는 감정이 일반인 까닭으로 우리 2천만 민중이 능히 대동단결의 정신으로 내부의 결속이 강건하여 타인의 관측에 신용을 얻을 가치가 있으면 중국의 4억만과 러시아의 2억만이 모두 친절한 후원자가 될 것이며 세계 각국 민족이 또한 인도人道의 화평과 민족의 자유를 찬동하는 조류로써 우리 민족의 충성과 강건한 힘을 감탄하여 덕의德義상 원조를 줄 것은 필연한 결과다.

하물며 우리의 실력이 아무리 박약하다 할지라도 대동단결로 내부의 결속이 강고하면 가급적 실력도 집합되어 목적을 달성할 것이 확실하거늘 무엇으로 해서 우리 사회에 단결의 정도가 증진하지 못하고 종종의 결점이 발생하여 소위 지방열이니 당파열이니 하는 죄악의 명사가 나타나서 장차 약으로도 구할 수 없는 고질이 될 염려가 있으니 이는 우리 민족이 부활할 기회를 스스로의 손으로 끊고 멸망할 화근을 자의로 제조함이 아닌가.

오호라, 우리 사회의 동지 제씨가 조국이 폐허되고 동포가 노예된 참상을 알지 못하여 독립사업에 헌신적 사상으로 수십년 유리표박流離漂泊의 신세로 무한한 고초를 감수하고 항상 말하기를 조국과 동포를 위하여 생명을 희생한다 하면서 일시 자기의 의사를 희생하여 타인의 의견을 소통치 못함은 무슨 까닭이며, 천하 막장인 일본인과 분투하여 죽고 사는 것을 돌아보지 않는다 하면서 거의 근소한 감정을 억제치 못하여 동지간에 충돌을 야기함은 무슨 까닭인가.

설혹 일에 임해 논의하는 의견이 같지않다 할지라도 어찌 이로 인하여 사회의 화기和氣를 손상케 하여 전체에의 영향을 생각지 아니하며 설혹 사사로운 관계에 이해가 있을지라도 어찌 광복사업에 헌신하는 대의人義 밑에 사사로운 이해를 희생치 못하겠는가.

만일 이를 조속히 회개하여 대동단결에 노력치 아니하면 우리 민족에게 무궁한 해독을 끼치는 것이 이완용·송병준 무리의 일시적으로 매국한 죄악보다 백배 더 심한 자니 이는 우리 민족의 유공자가 되지 못할 뿐 아니라 곧 자손만대에 독균을 전파한 자가 될 것이며 백여 생전 지옥을 면치 못할 것이니 어찌 부끄러워하고 조심할 자가 아니겠는가.

만일 대동결단의 사상이 없거나 역량이 없거든 즉시 애국자라 독립당이라 하는 미명美名을 버리고 심산구곡에 가서 자취를 끊어 우리 사회에 해독자가 되지 않는 것이 좋을 것이니 오직 조속히 회개하여 대동단결에 노력하기를 간절히 바라는 바이다.[6]

왜노의 횡포가 더욱 심하다

왜노는 원래 사납고 교활한 야만족이다. 강한 힘을 최고로 믿고 속임수를 사용하여 우리 대한 2천만 민중을 대하여 사기와 위압의 수단으로 우리의 독립주권과 자유생활을 강탈하고 유린하더니 이제 중국 4억만 민중에게 또한 한가지 방법으로 시행코저 한다.

대저 한국과 왜노의 교섭으로 말하면 병자수호조규에

양국이 피차 동등으로 대우하여 추호라도 침략과 월경 그리고 시기와 혐오가 있지 못하리라 하였고, 을미마관조약乙未馬關條約은 중국과 왜노의 양국 전권이 협정하여 한국의 완전 독립을 승인한다 함에 중국 전체 인민이 일치단결하여 승인하고 세계 각국이 다 같은 뜻으로 승낙하였다. 그후 왜노가 각국에 대하여 한국의 독립과 영토를 보전한다는 맹약을 누차 성명하다가 이를 하루 아침에 파괴하고 결국은 합병까지 되었다.

우리는 법을 멸시하고 약속을 어긴 강제적인 적의 굴레 밑에서 원한을 품고 통한을 참고서 피눈물로 10년을 경과하다가 세계 국제의 민족 자결주의가 제창되는 때에 우리 민족 전체가 정당한 의리와 문명한 거동으로 최후에 굴레를 씌운 조약을 부인하고 당초에 독립을 확증한 조약을 회복함으로써 열렬한 시위운동이 발생하였거늘 적이 음험한 위협과 폭력으로 우리 의사와 양민을 잔혹하게 살상함이 그 도를 넘었다.

이제 중국과 왜노간에 체결한 21개조와 여순과 대련문제로 말하면 왜노가 구라파전쟁(세계 제1차대전)의 기회를 타서 중원대륙을 병탄할 야심정책이 발발하여 먼저 독일과 선전宣戰하여 청도靑島를 점령하고, 인하여 중국정부를 위협하여 21조의 요구로 최후통첩을 발하여 강화조약이 되었는데 이는 중국 전체 인민이 일치 부인하고 국치기념을 발표한 바이다.

그 후에 파리평화회의와 워싱톤회의에 중국대표가 그 늑약勒約의 무효를 선언하였고 이제 여순과 대련의 조차 기간이 만기를 당하여 중국 전체 인민이 그 21조를 부인하고 여순과 대련을 거두어들여 영토와 주권을 회복할 목적으로 상계商界와 학계와 노공계勞工界가 일치 분발하여 경제단교의 방법으로 외교의 후원이 됨은 서양인의 신문에도 정당한 요구라 하였다.

그런데 왜노가 이를 대항할 방침으로 각 정당과 상가와 제정가와 은행가와 대학교수 등이 대표회의를 개최하여 국민연합회를 조직하고 결의안을 제출하되 1915년의 조약은 이후 중국인의 여하한 행동을 막론하고 일본국민은 결코 그 취소를 용서하지 못한다 하고 또 그 조약의 역사를 기술하여 중국인의 고려를 요한다 하였으니, 저가 조약상 역사를 주의하고 중히 여길진대 마관조약에 한국독립은 양국 전권이 협정하고 중국 전체 인민이 승인하고 세계 각국이 동의한 것이 10여 년 역사가 있거늘 저가 어찌하여 하루 아침에 스스로 파괴하였는가.

21조는 저들의 강박으로 되어 중국 전체 인민이 부인하고 중국대표가 세계국제 공회에 대하여 그 무효를 선언하였거늘 저들이 이로써 역사가 있는 조약이라 변개치 못한다는 것이 힘을 믿고 법을 멸시하는 횡포라 할 것이며 또 저들의 언론에 국교단절의 만일을 준비하더라 하였으니 국교단절이란 것은 전쟁으로 해결하자는 의미인즉 그 횡포의 태도가 더욱 심하도다.

우리 제3자의 관찰로 그 결과 여하를 질문하기 어려우나 금일은 세계민족이 각자의 생존을 위하여 분투하는 시대이다. 오늘에 21조와 여순과 대련문제가 곧 중화민족의 생존에 관한 요점인즉 4억만 인민의 일치각오가 있으면 왜노의 횡포에 대하여 노력 분투치 않을 수 없을 것이다.[7]

정부와 우리 민족에게

금회今回에 신문이 출현된 사실로 말하면 시대 현상이 대통령은 수만리 밖에 있어 유고 중에 있고 대통령 대리는 직책을 버렸으며 일반 각원閣員은 사퇴함으로써 무정부상태가 되었다. 만일 이 때의 각료 자리를 승계하는 자가 없게 되면 우리 독립운동의 중심기관인 정부가 중단이 되는 것이다. 정부가 중단되면 3·1운동의 정신을 근거하여 5,6년 역사를 보존하여 오던 대한민국의 명의가 어디에 존재할 수 있겠는가.

따라서 우리민족은 독립운동이 그만 중지되었다는 나

쁜 풍문이 선전되어 적의 비웃음이 어떠하며 세계의 냉평
冷評이 어떠하며 우리 민족의 낙망이 어떠하겠는가. 이와같
은 종종의 관계를 생각하면 무릇 대한의 인민된 자는 정부
계속 문제에 대하여 결코 냉담할 자가 없을 것인데 하물며
독립운동자의 신분을 가지고 정부의 현상을 직접 목도하는
경우에 처한 자겠는가. 이는 신각원新閣員이 그 어깨에 짊어
진 책임을 피하지 못할 것이다.

우리 정부의 지위와 능력으로서 말하면 아직은 조국강
산의 일점의 영토도 수복치 못하고 다른나라 조계租界내에
더부살이하여 여하한 시정과 행법의 실권이 없고 다만 이
상적 기관이라 하는 자가 없지 않다. 그러나 우리 대한민족
이 수개년간 정부가 없던 백성으로서 이제 정부가 있는 백
상이 되었은즉 기뻐 날뛰고 춤을 춤은 정의 자연이다.

따라서 의리와 인심과 외교와 군사와 단체상에 모두 극
대한 관계가 있는 것을 생각하면 정부를 애경愛敬하고 옹호
함에 더욱 간절치 않을 수 없다. 의리상으로 말하면 우리는
더 바랄게 없는 늙은이로 망국의 비운을 만나 반만년 조종
祖宗의 역사는 원수의 연료가 되었으며, 삼천리 금수강산은
원수의 판도가 되었으며, 2천만 예의민족은 원수의 노축奴
畜이 되었으며, 태양이 광명하되 우리는 무죄한 죄수며, 대
지가 넓되 우리는 땅을 잃은 유민이다.(중략)

이제 우리는 독립만세의 소리가 세계를 진동한 결과 대한민국 임시정부가 세대에 응해 탄생하여 해외동포가 만세 삼창을 거행하며 의무부담을 지원하였고, 국제연합에 대표를 파견하여 승인을 요구하였으니 비록 현재에 우리의 원망을 직접 이루지 못하였으나 우리의 의사는 세계에 발표하였고, 대한정부의 명의로써 이미 5,6년간 역사를 지키어 과거 4천년 계통을 승접하며 장래 만억 년 독립을 기초하기로 한즉 우리 대한민국이 되고서 만일 이를 미약하다 경시하며, 무능하다 냉소하고 조롱하여 충성을 기울이지 아니하면 어찌 양심상 의리가 있는 자라 하겠는가.(중략)

우리가 독립전을 시작한 이후에 모모 등지에서 불행한 충돌이 발생된 원인을 생각하건대 무릇 우리 독립군 기치하에 헌신한 자는 모두 국가의 광복을 위하여 동포의 자유를 위하여 생명을 희생하기로 결심한 자인데 어찌 그러한 일이 생겼는가. 이는 다른 이유가 아니다.

각 방면의 독립군이 중심기관에 부속된 명위가 없고 명령을 준행하는 책임이 없어 각자 각자가 대장으로 각 부대 간에 서로 옹호하는 바 없고 다만 자기의 세력을 증가하기 위하여 동지의 세력을 분배하려는 생각으로 그와 같은 충돌이 생기는 것을 면치 못한 것이니 만일 마음을 고치지 않으면 변고가 또한 그치지 않을 것이다.

이를 구제함도 또한 다른 방법이 없고 오직 각 부대장이 정부를 표준하여 그 임명과 지휘를 받아 질서를 정숙케 하고 약속을 엄격하게 하여 각 부대가 한마음으로 호령이 통일되어야 성공을 기약할 수 있을 것이 아닌가.

단체상으로 말하면 수십년 전부터 광복에 뜻을 둔 제씨들이 각 방면에서 동지를 모집하여 단체를 조직하였다. 그 중에 특별히 위대한 단체로 혁명운동의 준비기관이 될만한 자는 없고 다만 각 지사파志士派가 서로 대기할 재료는 조성하였다.

3·1운동 이후에는 각 방면의 단체가 비온 뒤 봄풀처럼 발생하였는데 경제적인 곤란으로 운명이 길지 못한 것이 많았고, 그 중에 조금 유력한 단체라는 것은 혹 정부를 대항코저 하는 자도 있고 혹 이미 설립된 정부를 파괴하고 자당自黨의 신정부를 창조코저 하는 자도 있었으나 창조는 인심이 허락하지 않으므로 실패에 돌아갔다. 대항도 또한 명분이 바르지 못함으로 위기를 자초할 염려가 없지 않다.(중략)

그러므로 어떠한 단체를 막론하고 약간의 운동력이 있을지라도 대내 대외의 신용이 정부보다 초과할 수 없으니 정부와 대립하여 지파支派를 만드는 것보다 정부를 협조하여 진행을 도모케 하는 것이 유일한 방법이라 할 것이다.

이상 자각으로 분석해 보건대 우리 정부가 미약하고 무

능하다 하나 그 실상을 종합하여 관찰하건대 우리 민족의 흥망에 절대한 관계가 있는 기관이라 할 것이다.

그러나 오늘날 우리 각 사람의 정부에 대한 심리를 구별하여 말하건대 혹은 자신이 정부에 있든지, 정부를 떠나든지, 단순한 인민의 자격으로든지, 정부에 충성함이 시종한 자가 있다. 반면에 자신이 정부에 있을 때에는 신성하다 하다가 정부를 떠나게 되면 정부를 훼손하는 자가 있다. 또 정부가 탄생한 이래로 시종 불간섭주의를 가진 자가 있으니 우리 각자가 정부에 대한 심리가 이와같은 것은 그 성의의 두터움과 얇음 그리고 양해諒解의 깊고 옅음이 각기 불문한 연고라 할 것이다. 그 각종의 심리를 비교하여 어느 것이 광복사업에 유익하고 못한 것을 가히 살피고 택하여 실천할 것이다.

총괄하여 말하면 우리 전도의 성패는 인심이 통일되고 못되는 데 있고, 인심이 통일되고 못되는 것은 중심기관을 표준하지 아니하는 데 있다. 우리 부로형제父老兄弟는 위에 열거한 관계들을 더욱 중히 여기시어 일반동포로 하여금 동일한 사상과 동일한 보조로써 중심기관의 기초를 견고케 하며 전도 진행의 목적을 관철케 하기로 할지어다.[8]

9장

'한국독립운동지혈사' 쓰다

독립운동사의 성전 '혈사'

해외 망명지에서 맞은 3·1혁명은 박은식에게 새로운 역사를 쓰게 만들었다. 『한국독립운동지혈사韓國獨立運動之血史』(이하 혈사)가 그것이다. 국치 이후 망국노로서 쓴 책이 『한국통사』라면 3·1혁명으로 조국의 독립가능성을 내다보면서, 독립운동가로서 집필한 책이 『혈사』라 하겠다.

한국근대사를 최초로 체계화하고 민족주의사관을 정립하면서 방대한 자료와 체험과 견문에 기초하여 저술한 『혈사』는 그 자체가 귀중한 근현대사의 사료史料의 가치를 지닌다. 또한 활동 중인 독립운동가들에게는 희망과 애국정신을, 은밀히 읽은 국내외의 동포들에게는 민족사에 눈을 뜨게 만들었다.

1920년 박은식은 3·1혁명의 충격을 받고 독립전쟁의 열기가 충천하던 상하이에서 순학문으로 이 책을 지었다. 당시 나이 62세, 서거하기 5년 전이고 그의 마지막 저술이다. 『통사』의 후속 편에 속하면서 3·1혁명에 관해 많은 부문을 할애하여 이 분야에서도 독보적인 평가를 받는다.

특히 『통사』는 일제침략자들에게 큰 충격을 안겨 주어서 유명하며, 『혈사』는 한국독립운동의 성전으로서, 또 한국독립운동사 서술의 교본으로서 후대에 깊은 영향을 준 책이기도 하다. 그가 생전에 꼭 쓰고야 말겠다던 『광복사光復史』가 나왔더라면 그의 3부작이 완성되었을 것이지만 애석하게도 67세를 일기로 서거함으로써 뜻을 이루지 못하고 말았다.

그러나 비록 그렇다 하더라도 이미 『혈사』 속에 장래할 『광복사』가 들어 있었으며, 광복의 날이 올 것이라는 희망과 확신이 피력되고 있었다. 이러한 그의 희망과 확신은 『혈사』 집필의 직접적 동기라 할 3·1운동의 발발에 근거를 두고 있었다 할 수 있으니 3·1운동을 통해 이미 그는 한국광복사의 장래를 훤히 투시하였다고 할 수 있다.[1]

한글로 번역한 『한국독립운동지혈사』의 차례를 소개한다.

한국독립운동사 서

서문

한국독립운동지혈사 상편

머리말

제1장 민족의 약력

제2장 갑오독립당의 혁명 실패

제3장 갑오동학당의 대풍운

제4장 일본인의 민씨 시해와 유림의 의거

제5장 독립협회의 활약

제6장 일본인의 이권을 침탈하고 억지로 의정 6조를
     체결하다

제7장 보호늑약에 국민이 크게 통곡하다

제8장 만국평화회의 밀사

제9장 이등이 황제를 핍박하여 선위케 하고 7조협약을
     강제로 체결하다

제10장 이등이 군대를 다 해산시키고 참령 박승환朴勝
     煥이 자살하다

제11장 각지 의병의 약력

제12장 이등이 육군·사법 양부를 폐지하다

제13장 세계를 진동시킨 의협의 성문聲問

광복의 날 기대하며 '혈사' 집필

박은식은 『한국독립운동지혈사』의 「머리말」에서 이 책을
쓰게 된 배경을 밝혔다.

왕년에 내가 『한국통사』를 편수하였을 때 한 동지가 축
배를 들며 말하였다.
"선생께서는 늙을수록 더욱 정정하셔서, 유려한 문장과
중후한 필치가 이 『통사』에만 그치지 말고, 저희들은 다시
선생의 손에서 씌어질 광복사를 기대합니다."
나는 본래부터 우리나라가 반드시 광복하는 날이 있을

것을 믿는다. 그리고 일본의 장래가 반드시 패망할 것을 예상한다.

그러므로 비록 넘어지고 쓰러지고 유리하여 기한과 고통 속에 시달리면서도 일찍이 일종의 낙관을 버리지 않았다. 다만 그 시기의 늦고 빠름을 알 수 없을 뿐이다.

그런데 세월은 자꾸 흘러가고 나의 노쇠는 더욱 심하여 간다. 어찌 뜻하였으랴. 오늘날에 '광복사 아닌' 독립운동사가 나의 『통사』의 뒤를 이어 지어질 줄이야.

그러나 자신하는 것을 말한다면, 어째서 우리나라가 틀림없이 광복한 날이 있을 것을 아는가.

대체로 나라끼리 생존경쟁하는 판에 약한 나라가 강한 나라에 병탄되는 것은 흔히 볼 수 있는 일이다. 그러나 만약 그 인종의 자격이 상등相等하고 종교와 역사, 말과 글 및 풍속에 불멸의 나라 혼이 존재한다면, 비록 한 때에 병탄을 당할지라도 마침내 분리하여 독립하는 것을 많이 볼 수 있다.[3]

"독립쟁취를 위한 혈투의 역사"로 불리는 『혈사』는 1884년 갑신정변 때부터 1920년 독립군전투까지의 36년간 한민족의 독립투쟁사를 피를 뽑아 쓰듯이, 이 방대한 저술을 완성하였다. 특히 기미년 3·1혁명을 중심축으로 하여 한국 근현대사를 엮었다.

박은식은 기미년 3·1항쟁을 대단히 높게 평가하고 『혈사』
에서 가장 비중 있게 기술하였다. '혁명'·'혁명운동'·'도수徒手
(맨손)혁명'·'혁명의 신기원' 등이라고 표현하고, "우리 민족은
도수徒手로 분기하고 붉은 피로써 독립을 구하여 세계혁명사에
있어 한 신기원을 이룩하였다."라고 3·1혁명을 세계혁명사와
등치시켰다. 이와 같은 인식은 그가 처음이었다. 특히 3·1혁명
의 사망자, 부상자, 피검자 등 각종 통계는 일제의 축소·왜곡
에 대해 소중한 실증적 자료가 되고 있다.

『혈사』에는 두 명의 중국 저명인사가 추천사를 썼다. 경정
성景定成과 정위精衛가 그들이다. 경정성은 "통사는 눈물이고
한국독립운동사는 피이다.
전날의 눈물이 이미 두 해
이래의 혁명의 피로 변하였
고, 이 날의 피가 또 널리 온
세계 동정의 눈물을 얻었다.
시험적으로 근일 각국이 인
도주의를 갖고 있는 자를 보
면 한국독립의 장거에 대하
여 언론상·사실상 모두 상
당한 부조를 주어 눈 깜짝할

한국독립운동지혈사

사이에 독립전사獨立戰史 또 이미 철혈정책으로 이루어졌다."[4]고 썼다.

정위는 "대세로써 논하면 진리는 마침내 이기고 폭력은 마침내 패하니 나는 한국독립이 반드시 성공하는 것이 긴 밤에 새벽이 있는 것과 같다고 본다. 태백광노는 비록 머리가 허옇게 센 노인이나 장차 한국독립공사를 지어 통사와 독립운동사의 뒤를 잇겠구려! 동아의 친애하는 동포와 더불어 환호하면서 맞이하기를 바란다."[5]라고 축하하였다.

『혈사』의 내용 중 임의로 몇 편을 골랐다.

갑오동학당의 대풍운

갑신혁당甲申革黨이 실패한 뒤로부터 신진으로서 당시의 정무를 담론하던 이는 모두 쫓겨나고, 완고한 사람들의 세력은 더욱 신장되었다. 10년 이래로 비정은 날마다 심하여져 권문 귀인들은 벼슬하는 것을 황금광처럼 여기고, 지방의 아전들은 백성의 고혈을 착취하여 돈으로 삼으니, 영세민들은 생업을 잃고 수심과 원한이 하늘에 사무쳤다. 이리하여 백성들은 탈신하여 험지한 곳으로 달아나 당을 만들고 관리가 있는 곳을 따라 벌떼처럼 일어났다.

이에 동학당이 백성들의 견디지 못하는 고통과 분노로 인하여 혁명의 기치를 들고 일어나 동아의 큰 풍운을 일으켰다.

동학이란 것은 경주 사람 최제우가 창설한 것이다. 스스로 서교(천주교)에 대치對待한다 표방하고 이름을 동학이라 하였다. 그의 취지는 유·불·선의 세 종교를 혼합한 것이다. 그 주문은 '시천주 조화정 영세불망 만사지侍天主 造化定 永世不忘 萬事知' 열석 자다. 붓을 잡고 항신降神하며 칼춤을 추며 공중에 오른다.

그 교도들은 밤마다 반드시 명수明水(맑고 깨끗한 물)를 받들고 보국안민을 기도하며, 아침 저녁으로 밥을 지을 때마다 자기 가족의 수를 계산하여 각각 쌀 한 숟갈 씩 덜어서 '성미誠米'라는 이름으로 모아 두었다가. 교조의 자용資用(소모되는 물품)에 바치어 이바지한다. 동학은 10년이 채 못 되어 전국에 보급되었다. 두 번째로 최시형에게 물려주고 세 번째로 손병희에게 물려서 천도교가 되었다.

기원 4227년 갑오(1894) 봄에 당의 우두머리 전봉준·손화중 등이 호남의 고부에서 난을 일으켰으니, 이는 탐관오리들이 그들을 격분시켜 일어난 것이다. 한 사람이 외치면 만 사람이 호응하였다. 영루營壘를 서로 바라보면서 탐관오리를 제거하여 백성의 피해를 구제한다는 취지로, 격문을 호남·호서의 여러 고을에 선포하니 호응하지 않는 곳이 없었다. 열흘이 못 되어서 경기·강원·황해·경상 등 여러 도에

만연하여 그 기염이 미치는 곳마다 털을 불사르는 것처럼 쉽게 무너졌다.

전주가 함락되자 "북쪽으로 올라가서 군주 측근의 악당을 쓸어내자"고 성토하니, 조정에서는 매우 놀라 진동하였다. 이리하여 당국에서 청국에 구원을 청하니, 원세개는 평소부터 우리의 정권에 간여할 생각을 갖고 있었으므로, 이를 기화로 삼아 자기 나라의 조정에 전보로 군대 파견을 요청하였다.

그런데 일본은 한국문제로 평소에 청나라 측에 감정을 품고 있었으므로 언젠가 한 번 결전하려 한 지 오래 되었다. 이때에 이르러 청국 출병의 이유를 따져 물으니, 청국의 회답에 '조선속방' 이라는 문자가 있었다. 일본 조정에서는 크게 힐문·반박을 가하고 드디어 군대를 출동시켜 청병을 쳐서 쓰러뜨렸다.

일본공사 대도규개大島圭介는 우리의 정부를 위협하여 정치를 개혁하고 공수동맹을 맺었다. 을미년(1895) 5월에 이르러 두 나라는 싸움을 그치고 마관조약을 체결하였는데, 우리 나라의 완전무결한 독립을 인정하고 각국에 성명하였다.

동학당은 호미와 곰방메와 가시나무 창을 들고 밭고랑에서 분기하여, 우리의 관군과 일병을 상대로 교전한 지 9

개월 만에 드디어 항복하였다. 이 변란통에 사망자가 30여 만 명이나 되었으니 미증유한 유혈의 참상이다.

대체로 그들을 이렇게 분기하게 만든 동력은 양반의 압제와 관리의 탐학에 분격하여 발생한 것이다. 그러니 우리나라 평민의 혁명이다. 다만 그 도당 중에는 어리석고 무식한 자들이 많았고, 그들의 행동도 또한 난폭하고 기율이 없었으니, 정치를 개혁하는 것은 그들이 할 수 있는 일이 아니었다. 그러나 묵은 관습을 파괴하는 데는 여택餘澤이 있었다.

그들로 하여금 외인의 간섭이 없게 하고 또 유능한 자가 그 속에서 나왔다면, 그 파괴로 인하여 한 개의 신성한 독립국가를 건설하는 것도 처음부터 안 될 일은 아니었다. 그랬다면 강력한 이웃 나라의 간섭으로 소위 '독립'이라고 하지만 우리의 자력으로 얻은 것이 아니어서 마침내 남에게 파괴를 당하고 만 꼴은 없었을 것이다. 이것이 어찌 우리 백성들의 혁명의 본의 이겠는가. 이것이 오늘날 천도교가 다시 이러한 피의 활동을 연출하게 한 것이다.[6]

각지 의병의 약력

의병이란 것은 민군民軍이다. 국가가 위급할 때에 즉각 의로써 분기하며 조정의 징발령을 기다리지 않고 종군하여 적기敵愾하는 사람이다.

우리 민족은 본래부터 충의가 두터워 삼국 시대부터 외환에 있어서 의병의 적공이 가장 탁월하고 현저하였다. 조선에 들어와서는 선조 때에 왜구에게 짓밟힘이 8년이나 되었다. 그런데 혹은 유림이, 혹은 향신鄕紳(지방 양반)이, 혹은 승려붙이들이 다 초야에서 분기하였으니, 털끝만치도 전세田稅의 비율로 부과하는 병역의 징집에 빙자한 바 없이 오직 충의의 격려로써 하였다.

앞사람이 쓰러지면 뒷사람이 계속해서 적이 물러갈 때까지 싸우고야 말았다. 수훈과 고절은 일월처럼 밝게 빛나며 강상을 부식하고 영토를 회복하는 데 크게 힘입은 바 있다. 그러므로 의병은 우리 민족의 국수國粹이다.

평일에 오랫동안 문약에 흐름을 계승하여 나태·안일함이 극에 이르렀다. 그런데 갑자기 긴 구렁이와 큰 돼지 같은 빈욕한 적의 침략을 받게 되어 손을 묶인 채 잡히게 되고, 목을 늘이어 칼날을 받는 참혹한 몰골이 되었으니 어찌 구슬프지 않은가? 그러나 충의의 혈기가 국성國性으로 존재하기 때문에 수십 년간 의병을 일으켜 적을 친 일이 잇따랐다.

선비들은 전투를 익히지 않았으며, 농사짓는 백성들은 무기가 없었다. 그러나 순국할 뜻을 결심하고 맨주먹으로 칼날을 무릅써, 시체는 들판에 드러나서 풍우에 바래지고 뇌장은 창끝과 살촉에 발라지면서도 조금도 후회하는 빛이 없으니, 이야말로 역대로 충의를 길러온 효과가 아니겠는가.

일본이 2개 사단의 병력을 출동하여 7, 8년간 전쟁을 한 것도 의병의 저항이 있었기 때문이니, 이들이 아니었더라면 우리는 짐승이 되었을 것이다. 오직 그들의 행적을 자세히 알기가 어려워 여기에 가장 드러난 이에 대하여 아래와 같이 기술한다. 대체로 말해서 보호늑약保護勒約이 있은 이후로 4, 5인의 적신과 일진회 난당을 제외한 전 국민들은 다 결사반항하였다. 그 중에서도 의병이 가장 격렬하였는데 유림학파儒林學派와 해산군인解散軍人이 많았다.

전 의정부 참찬 최익현은 국가의 원로이고 유림의 태산북두 같은 존재이다. 보호조약이 체결되자 드디어 의병을 일으켜 순국할 결심을 하고 격문을 발송하여 전국의 사민士民들에게 고하였으니, 그 격문은 침통하고 격렬하여 보는 이가 눈물을 씻었다. 그의 문인 임병찬 등과 함께 동지를 규합하고 의병을 소집하니, 일인들이 탐지하고 군대를 파송하여 포위·공격하였다. 총탄이 비오듯하였건만 익현은 태연자약한 안색으로 앞장서서 나와 말하기를

"너희들이 잡아가서 만족할 것은 나이니, 난사하여 많은 사람들을 살상시킬 필요가 없다."

하고, 드디어 그의 무리 수십 명과 함께 체포되었다.

대마도에 이르러 일인들이 음식 대접을 하니, "내 어찌 너희들의 곡식을 먹겠는가" 하고 거절하여 드디어 굶어 죽으니, 일인들 역시 의롭게 여겨 시문을 지어 조상하는 자가 있었다. 상여가 돌아오자 영접하는 우리 남녀 백성들의 통곡소리가 천리에 잇따랐었다. 일인들은 서로 말하되 "최모 씨가 죽었으니 우리는 한국유림을 두려워 할 것 없다." 하였다. 문인 노응규는 말하기를 "나라의 원수와 스승님의 원수를 갚고 죽어야 마땅하다."하고 비밀리에 동지를 모아 의거를 모의하다가 일인들에게 탐지되어 잡혀 죽었다. (…)[7]

이등이 군대를 다 해산시키고 참령 박승환이 자살하다

이보다 먼저 장곡천長谷川은 경비를 절약하고 군제를 대신한다는 핑계로 이미 우리 군대의 정원수를 감소시켰다. 그런 까닭에 참장 이하 각 군관(장교)으로서 서울에 있는 자는 336명에 불과하였으며 사졸은 9,640여 명 뿐이었다. 각 지방 진위대의 장졸은 4,270여 명 이었는데 이제 와서 황위를 폐립했기 때문에 군대 상황이 불안하였다. 이등은 그들이 환란을 일으킬까 두려워하여 마침내 완용 등과 군대 해산을 비밀리에 모의하였다.

7월 30일에 장곡천과 완용·병무 등이 황제를 다그치어 칙명을 내려서 무기와 탄환을 모조리 반납하게 하였다. 그리하고는 '은금분급恩金頒給'이라 일컫고 하사에게 80원, 병역 1년 이상인 자에게는 50원, 1년 미만인 자에게는 25원을 주고 그대로 자유 해산하게 하였다. 사졸들은 눈물을 흘리며 울부짖고 어떤 사람은 크게 통곡하였다. 혹은 주는 지폐를 찢어 땅에 던지고 그대로 지방으로 달려가 의병이 된 사람들도 많았다.

시위 제1연대 제1대대장 박승환은 을미년(1895)에 국모가 시해된 이후로 항상 원수 갚을 뜻을 품고 있었다. 그런데 드디어 일본은 더욱 침략을 일삼아 나라는 망해 가고 겨레의 멸망이 순간에 박두하니, 승환은 강개하여 눈물을 지우면서 오직 한 번 죽어서 나라에 보답하는 길이 있을 뿐이라 하였다.

이등이 황제를 폐위시킨 날 궁중에서 거사하려 하였으나 화가 황제의 몸에 미칠까 두려워하여 중지하였다. 8월 1일(1907년 8월 1일에 군대가 해산됨)에 장곡천이 각 대장을 소집하였는데, 승환은 아프다는 핑계로 가지 않았더니, 때마침 군대를 해산한다는 말을 듣고는 분노가 치밀어 미친 듯이 큰 소리로 슬피 울부짖더니, 드디어 권총을 빼어 자살하였다. 이러자 본대의 장졸들이 일시에 격분하여 즉시 탄약고를 부수고 탄환을 꺼내어 한 번 싸움을 결행하고 죽고자 하였다.

제2연대 제2대대도 또한 이에 호응하였다. 일본군 사령
관이 급히 군대 수천 명을 소집하여 풍우처럼 달려와 포위·
공격하니, 우리 군대는 영내에서 창문 틈으로 발사하여 대
위 미원梶原과 그의 졸병 100여 명을 사살하였다. 일인들은
다시 남대문의 성벽을 자리 잡고 기관포를 발사하면서 천
둥·벼락같은 소리로 공격하여 왔다.

그리고 상인·노동자 및 여자들까지 다 무기를 갖고 성
세를 도왔다. 소위 태전太田이 폭약을 가져다 영내에 던지
니, 우리의 군대가 드디어 영문을 탈출하여 일병에게 돌격·
접근하였다. 피아가 살상이 있었으나 마침내 탄환이 떨어
져 궤멸·도주하니 일병들은 드디어 그 영營을 약탈·점거하
였다. 그리고는 인근 민가를 수색하여 만나는 족족 마구 살
육하니, 우리 군사들의 사망자가 수백 인이었고 포로가 5백
여 인이었다.[8]

헌경기관憲警機關의 확대

일·러 국교가 끊어지려 할 무렵, 일본인들은 즉시 헌병
대를 우리의 경성에 주둔시켰고, 한일협약이 이뤄졌을 때
에는 곧 군사영부를 두고 헌병대를 확장하여 우리 경찰의
주권을 빼앗았다. 그들의 군대가 북진할 때에는 전신·철도
를 보호한다 핑계하고 헌병과 경찰을 전국에 배치하였다.

군사경찰·행정경찰·사법경찰 등 저들 마음대로 두고서 우리 국민 수십만 명을 죽였으며, 재산을 약탈하고 부녀자를 강간하는 등 그 야만행위를 멋대로 저질렀다. 그러다가 정미년(1907) 6월에는 우리 백성들 중 무뢰한 4천 명을 모집하여 헌병보조원으로 삼아 각지에 배치하고 경찰과 정탐 등의 일에 복무하게 하였다.

이어 우리의 경찰권을 강탈하여 저희들의 기관에 병합하고 경무총감부를 경성에 두어, 헌병·경찰을 2천 명으로 증원시켜 각 도의 요지에 배치하였는데, 이는 합병 이전의 상황이다.

합병 당시에는 더욱 대개혁·대확장을 가하여 전국의 경찰사무를 통일하였으며, 경무총감부는 독립기관으로 총독의 직속이 되었다. 헌병대 사령관을 경무총감에 겸임시키고, 각 도의 헌병대장을 경무부장에 겸임시켜 전국 경비의 임무를 담당케 하였다.

각 도·부·군·도島에 배치한 경찰기관은 총 1624개, 경관은 1만 6천 840명, 경시 35, 경부 323, 순사 2천 321, 순사보 3,019명이다. 헌병은 장교(경시 겸무) 96, 하사·준사관(경부 겸무) 773, 헌병 상등병 2525, 헌병보조원 4,749, 정탐 3,000명이다.

그런데 순사보와 헌병보조원은 모두 한국인을 채용하

고, 정탐은 한국인과 일인을 섞어 채용한다. 한국인으로 경시가 된 자는 1명이고, 경부 100, 순사는 100명이다. 그러나 모두 사무처리와 권한집행은 없고 단지 일인에게 복역하는 자들이다.[9]

한국인의 사유재산을 감시하다

저들의 구한국 황실에 관하여 '이왕직'이라는 관청을 두고 한국의 구신舊臣을 그 장관으로 삼았다. 그러나 일인 사무관이 있어서 그 실권을 잡고 재산을 처리한다.

황족과 귀족으로서 50만 원 이상의 재산이 있는 자는 총독부로부터 특히 집사를 파견하여 관리하게 한다. 그리하여 온갖 출납은 그의 승낙이 없으면 하지 못한다. 여러 부자집에서도 강압적으로 일본인 집사를 두어 그의 재산을 관장하게 한다. 서울의 이봉래·진주의 김기태·경주의 최준은 다 그 재산의 감시를 받던 사람이다.

또 일본인 순사 2명과 한인 순사보 1명이 가끔 한인의 가정에 돌연히 들어가, 아무런 설명도 없이 곧 그 집의 재산문부를 찾아내어 조사한다.

은행 예금이 있는 한국인이 100원 이상의 인출을 요구할 때에는, 반드시 용도를 자세히 기술하여 은행에서 경찰서에 보고하고 그 허가를 얻은 뒤라야 지출한다. 만약 한국인으로 일시에 거액의 수입이 있는 사람은 경찰서에서 반드시 그 사람을 호출하여 그 용도를 따져 묻는다.

전국의 사찰은 모두 1,412곳이 있고 그중 부유한 것이 3분의 1이다. 30본산 같은 데는 100만 석 이상의 재산을 가지고 있다. 이에 총독부는 사찰령을 발포하여 감시 아래에 두게 하였다.

각 교회와 학교에 대하여 의연이나 기부를 하는 자는 반드시 엄중하게 단속하여 경찰의 허가가 없으면 하지 못한다. 혹은 교인이나 학생으로 의연금을 모집하는 일이 있으면 반드시 담임 직원을 처벌한다. 작년 1월에 20만 원을 빼앗긴 천도교인이 있다.

여행권 실시 이후로는, 한국인으로서 압록강을 건너가는 자 있으면 반드시 그의 신체를 엄중 수색하여, 100원 이상의 여비를 가진 자가 있으면 반드시 구류시키고 압수한다. 경찰서에서 출발지에 탐문하여 그 용도를 조사한 뒤라야 비로소 환불을 허락한다. 만약 거액을 휴대한 자는 그것을 압수함은 물론, 반드시 그 사람을 투옥시킨다.[10]

경성의 독립운동본부와 내외의 학생단체

서기 1918년 10월에 우리 독립운동의 본부가 서울에 생겼다. 우리는 반만 년 역사의 정신으로 세계의 정의·인도에 순응하고 민족자결주의에 호응한 것이다.

그 운동의 동기를 보면, 우리 학우 최남선·현상윤·송진우·최린 등 여러 사람들에 의하여 은밀하게 연구되고, 천도교의 손병희·권동진·오세창 등 여러 사람들과 기독교의 이승훈·박희도·함태영 및 불교의 한용운·백용성 등이 계책을 상의하여 독립운동본부를 서울에 두고 내외 요지에도 각 기관을 두어 거국일치의 활동을 준비하였다.

여러 사람들은 손병희를 맹주로 추대하였고, 그 운동 계획의 규모는 대체로 손병희가 세웠다. 이에 운동을 위한 각종 자금은 모두 천도교에서 담당하였고, 「독립선언서」 및 일본에 대한 「통고일본서」는 최남선이 직접 지어, 천도교에서 수만 부를 인쇄하여 운동이 있는 날에 배부할 수 있도록 준비하였다. 이에 일본 유학생 단체와 국내 각 학교의 학생단체는 모두 한 덩어리가 되어 연락하여 2백만의 단원이 집결되었다.

12월 28일, 일본 유학생들이 동경에 모여 웅변대회를 열어 자치론을 주제로 강연하고, 거기에 모인 500여 명이 격렬한 반박토론을 벌였다. 이튿날 다시 모여 이 회의를 여니, 일본 경찰 40여 명이 난입하여 욕설을 퍼붓고 구타하며, 12명을 경청에 구속하였다가 곧 석방하였다. 이에 유학생 단체는 경성과 해외 각지에 대표를 파견, 각계의 요인을 방문하면서 비밀리에 상의하였다.

서울에 있는 18개 학교의 학생들 중 우수생들은 모두가 같은 생각을 가지고 있었고 지방출신의 학생들도 겨울방학인데도 귀가하지 않고 여관에 묵으면서, 동지들을 몰래 찾아가 망년회 및 영신회迎新會라는 명목으로 서로 의견을 교환하고 마음속을 토로하였다. 기일을 정하여 음식점이나 공회당·예배당이나 북악산 산정에 모여 치밀하게 계획을 의논하고, 각 종교 단체와 연락하여 그 책임을 분담하였다.

각 여학교 학생들도 모두 일어나 행동일치로 애국헌금하여 운동의 준비자금으로 약속하였다. 이에 재일 유학생과 지방 각 학교의 학생들이 서로 연락을 취하였고, 중국의 상해와 북간도에서도 대표가 경성에 와서 협의하였다.[11]

중앙의 독립시위운동

기원 4252(1919)년 3월 1일은 우리나라 2천만 한국 민족이 정의·인도의 기치를 높이 들고 충과 신을 갑옷으로 삼고, 붉은 피를 포화로 대신하여 창세기 이래 미증유의 맨손 혁명으로 세계무대에서 활동한 특기할 만한 날이다. 그 모의는 처음 독립운동본부에서 비롯되어, 극히 신중하고 면밀하게 주도되었다.

그러므로 거행할 시기와 집회의 위치는 오로지 각 단체

의 두령과 각급 학교의 대표들에 의해 결정되었고, 다수의 학생들과 단원들에게는 일체 미리 알리지 않았었다.

2월 28일 밤이 되자, 비로소 학생 2명을 파견하여 1일 정오에 일제히 탑골공원에 모여 시위운동을 거행할 것을 통지하여 약속했다.

거사 시각이 되자 기약하지 않고 모인 학생이 이미 1천여 명이었다. 이리하여 9년 동안 그림자조차 볼 수 없었던 태극기가 한성(서울) 중앙에 돌연히 나타나 하늘 높이 펄럭이었다.

천도교인 한 사람이 몸을 날려 단상으로 올라가 독립선언서를 낭독하였다. 낭독이 채 끝나기도 전에 만세소리는 우레같이 울려 퍼지고, 자그마한 태극기와 선언서가 마치 영산회靈山會의 천화우千花雨처럼 쏟아졌다. 그러자 모인 군중들은 모자를 벗어 허공에 던지며 미친 듯이 기뻐 날뛰었다.

이때, 성중과 지방의 백성들도 합세하여 수십만의 군중이 성세를 도왔다. 앞에서 밀고 뒤에서 옹위하여 발이 허공에 뜰 지경이었다. 이리하여 두 갈래로 갈라져서 앞으로 나아가니, 한 갈래는 종로 보신각을 지나 남대문 쪽으로 향하고, 한 갈래는 매일신보사 옆을 거쳐 대한문을 향하였다. 규중의 부녀자들도 모두 기뻐 날뛰며 앞을 다투어 차와 물을 날라 왔다.

평소부터 우리 민족을 깔보고 독립할 자격이 없다고 말하던 서양인들도, 이날에 벌였던 우리 민족의 씩씩하고 질서정연한 시위운동을 보고는 찬탄하여 마지않았다. "우리들은 한민족의 독립할 자격이 있음을 확신한다."고.

저 일본인 관리들은 이 광경을 보고 어찌할 바를 몰랐고, 그들 시민은 겁에 질려 바라보다가 달아났다.

이에 총독부는 많은 헌병을 파견하여 말을 몰아 칼을 휘두르면서 독립단이 대한문에 이르는 것을 막았다. 군중들이 칼날을 무릅쓰고 곧장 전진하니 그 기세는 거센 파도와 같았으며, 일본 헌병들은 당황하여 겁을 먹고 자신도 모르는 사이에 칼을 떨어뜨렸다. 군중들은 여전히 큰 소리로 외치면서 나아가 대한문에 이르렀다.

앞에서 선도하던 여러 사람들이 덕수궁 태황제의 혼전에 나아가 세 번 절하며 계속해서 만세를 불렀다. 그냥 계속하여 서대문을 돌아 일본정(태평로)을 지나 미국 영사관에 이르렀다. 이때 어느 학생이 태극기를 높이 들고 손가락을 깨물어 피로써 '대한독립' 4자를 써서 앞에 들고 군중을 인도하니, 미국 영사는 문을 열어 환영하며 깊은 동의를 표했다.

우리의 변사 한 사람이 나와 뜨거운 눈물을 흘리면서 독립의 주지를 연설하고, 종로에 이르러 다시 연설을 벌이

자 일본 헌병과 기마병들은 칼을 휘두르며 해산시키려 하였다. 그러나 군중들은 태연자약한 태도로 물러가지 않다가 6시가 되어서야 자진 해산했다.

이날 우리 민족 대표 30여 인은 태화관에서 나란히 축배를 들고 경무총감부에 전화를 걸어, "우리 독립단 대표 여러 사람들이 여기에 있다"고 통지하였다. 그래서 총감부에서는 즉시 헌병과 경찰을 파견하여 대표들을 자동차에 태워 마구 달렸다. 독립단은 연도에 늘어서서 독립만세를 불렀고 대표들은 군중들에게 「독립선언서」를 던져 주었다.

다음날 총독부는 크게 군경을 풀어서 독립단을 수색하여 체포·투옥된 자가 1만여 명이나 되었다. (…)[12]

일본인의 야만, 잔학한 살육

일인들은 우리 민족의 문명적인 행동에 대하여 극도로 야만적이고 잔학한 살육을 자행하였다. 세계 각국 사람들이 이 살육의 진상을 목격하고는 공분에 격하여 우리를 위해 동정의 눈물을 흘렸다. 저들이 비록 여러모로 교묘히 숨기려 한들 어찌 은폐할 수 있겠는가.

우리들이 동족으로서 그 피를 이어받아 독립의 목적을 관철하지 못한다면 장차 무엇으로 우리의 형제·자매·충혼에 사죄할 것인가. 나는 생각이 이에 미칠 때마다 오장을 칼로 에어 내는 듯 하고 말보다 눈물이 앞서서, 글을 쓰려 하여도 손이 떨리는 때가 여러 번이었다. 그러나 우리 2천 만의 심혈이 막강한 무력이며 세계의 새 문화가 막대한 응원이니, 저들의 군국주의는 이미 황혼에 접어든 것이다. 『좌전』에는 "하늘이 부선不善을 돕는 듯이 보임은 그를 진정 도움이 아니다. 그 흉악함을 더욱 드러나게 하여 끝내는 그것을 징벌하기 위한 것이다" 하였다.

지금 저들은 악이 날 대로 나서 이미 그 극에 달했으므로 하늘의 벌이 미구에 내리리라. 우리들은 원수의 피를 마셔 형제, 자매에게 보답할 날이 반드시 있을지니, 어찌 분발하지 않을 수 있겠는가.

1개월 동안의 사상자

3월 1일~4월 1일까지 살상된 한국인은 저들이 극력 은폐하여 힘써 발표하지 않았으므로 그 상세한 실제 숫자를 알기가 어렵다. 경성 통신원의 기록에 의하면 대략 다음과 같다.

독립운동은 1일부터 월말에 이르기까지 더욱 더 형세가 치열하여져 일인들은 이에 형용할 수 없는 야만적 잔학을 다하였다. 창으로 찌르고 칼로 쳐 풀을 베듯 하였으니, 즉사한 사람이 3,750여 명이고 중상으로 며칠을 지나 죽은 사람이 4,600여 명이었다. 옥중에서 죽은 사람 수는 알 수 없으나 체포되어 수감된 사람은 약 수십만 명인데 사망통보가 잇따라 있었다.

저들은 학살만 자행할 뿐 중상자의 의약 구입과 치료조차 불허하고, 시골의 부상자들이 시중의 병원에 실려와 치료를 받으려 하면 이를 막아 죽게끔 버려두었다.

이 같은 저들의 잔인포악상을 어찌 세계 인류가 일찍이 경험하였겠는가. 외신보도에 의하면 약 1천 명이 모여 한번 시위하면 피해가 7백 명에 이르렀다고 한다. 또 어느 작은 마을에서 1주일 동안 참살당한 자가 170명이었고 교회당의 파괴가 15군대에 이르렀다. 10년 전에 장곡천호도가 한국인의 반항을 진압할 때 무기를 써서 학살한 한인의 수는 1만 5천 명 이었다고 한다. (…)[13]

일본인의 만행

일인들의 불법만행은 이미 세계에 알려져 천하 공도公道에 의해 해결하여야 한다는 여론까지 일어나고 있으나 어디에 공도가 있단 말인가. 공도가 있다면 어찌 이렇게 잔인하고도 포악한 야만인종이 인류사회에서 마음대로 날뛰도록 내버려두고 응징하지 않는단 말인가.

아, 이 세상에 누가 부모·형제·자매·처자가 없겠는가.

이제 그들이 우리 부모·형제·자매·처자에게 가하는 갖은 악형·학살 등 가혹한 행위는 세계 인류 역사상 일찍이 없었던 일이니, 그들이 얼마나 잔인하고 악독한 인종이란 것을 알 수 있다. 실로 그들과는 이 세상에서는 삶을 같이할 수 없다. 옛날에 은殷의 주왕紂王이 포낙炮烙(구리 기둥에 사람을 매어달고 기둥을 달구어 살을 지지는 형벌)의 형을 써서 사지를 끊고 염통을 뽑아냈다.

이는 한 사람의 만행에 불과하지만 법관·경관·군인들이 모두 이 같은 잔인성으로 인류를 해치니 이를 어찌 용납할 수 있단 말인가. 양심을 가진 사람으로서 이 같은 만행을 본다면 머리가 곤두서고 눈이 찢어지며 피가 끓어오름을 불금할 것이다.

그들의 만행이 어찌 유독 우리 한민족의 골수에만 사무치는 원수이랴. 실로 세계 인도의 공통된 것일 것이다. 더구나 그들은 침략의 야망이 무한하니, 그 피해는 한국 사람에게만 그치지 않는다. 이제 와서는 중·러 두 나라 민족들도 그 해를 입게 되었다. 무릇 부모·형제·자매·처자가 있는 이로서 어찌 경계심이 없을 수 있겠는가.

부녀자에 대한 만행

함종군 바닷가에 어느 가난한 집 젊은 부인이 생선 장

사로 생계를 유지하였는데, 왜병이 그를 독립군으로 지목하여 찔러 죽여 두 살 난 어린애가 엄마 부르며 슬피 우는 그 정경은 참혹했다. 왜병은 동군同郡 범오리로 들어가 여학생을 강간하고 민가에 불을 놓았다.

선천군에서 어느 할머니가 5월 5일에 애국사상을 고취하는 연설을 하자 왜병이 칼로써 그의 입을 찢으니, 보는 자가 모두 격분했다.

3월 7일. 평양의 왜인 소방대원 5, 6명이 평양병원 옆 한국인 집에 침입하였다. 그들은 여학생 2명을 붙잡아 쇠갈고리로 그들의 머리채를 끌어당겨 전봇대에 묶어 놓고 왜경에게 잡아가라 했다. 장대현 예배당 주일학교 여교사가 왜병을 피해 급하게 달아나다가 소방대원의 쇠갈고리에 맞아 갈빗대가 부러져서 폐인이 되었다.

3월 하순, 경성 여학생 31명이 출감하여 곤욕당했던 일을 다음과 같이 밝혔다.

처음 수감되었을 때 무수히 구타당하고 발가벗겨져 알몸으로 손발을 묶인 채 외양간에 수용되었다. 밤은 길고 날은 혹독하게 추웠는데 지푸라기 하나도 몸에 걸치지 않았다. 왜놈들은 예쁜 학생 몇 명을 몰래 데려가서 윤간하고는 새벽에 다시 끌고 왔는데, 그들은 눈이 퉁퉁 붓고 사지에

맥이 빠져 있었다. 신문할 때에는 십자가를 늘어놓고 말하기를, "너희들은 예수교 신도이므로 십자가의 고난을 겪어 보아야 한다" 하였다.

여자고등보통학교 학생 노영열을 나체로 십자가 위에 반듯이 눕히더니 이글이글 타는 화로를 옆에 놓고 쇠꼬챙이를 시뻘겋게 달궈 유방을 서너 번 찔렀다. 그리하여 결박을 풀고 칼을 휘둘러 사지를 끊으니, 전신이 호박처럼 되어 선혈이 낭자하였다.

또 다른 십자가로 옮기어 머리채까지 다섯 군데를 묶은 뒤 고약을 불에 녹여 머리·음문·좌우 겨드랑이에 붙여 식자 힘껏 잡아 뗐다. 털과 살이 달라붙고 피가 쏟아지니 왜놈들이 손뼉을 치며 껄껄댔다.

그들의 우두머리가 묻기를 "너는 그래도 감히 만세를 부르겠는가?" 하니, 대답하기를 "독립이 되기 전에는 그만둘 수가 없다" 하였다. 할 수 없이 다시 원래의 감방에 유치시키고, 며칠 음식을 주지 않더니, 사흘 만에 다시 악형을 가했다.

대바늘로 머리통을 무수히 찔러도 항복하지 않고 도리어 통렬히 꾸짖었다. 왜병은 더욱 골이 나서 칼로 혀를 끊으려 하자, 우두머리라는 자가 만류하기를 "얼굴은 그대로 둬라" 하니, 할 수 없이 옷을 던져 주며 엄하게 훈계한 후

석방했다.

북간도 국자가에 사는 임신한 박동완의 부인이 산기에 임박하였는데, 왜병이 그 집에 돌입하여 그 부인을 걷어차서 부상하여 뱃속의 태아가 유산되었다.[14]

'혈사'의 결론 (1)

우리 민족이 맨손으로 분기하여 붉은 피로써 독립을 구함에 세계혁명사에 한 신기원을 열었다. 두 해 이래로 분투가 더욱 치열하고 운동을 마지않아 반드시 저 언덕에 이르는 것으로 목표를 삼은 즉 우리의 역사가 되니 또한 마땅히 이어서 독립완성의 날로 획린獲麟(공자가 춘추를 쓰면서 '서수획린西狩獲麟'이라는 사실에서 절필했음. 일체의 일을 마치는 것을 말함)의 기회를 삼고 광복사와 같은 것에 이르러서는 마땅히 우리 벗의 능한 자에게 부치겠다.

대개 우리 민족이 기원 사천이백오십이년 삼월 일일 독립을 선포하여 피가 창해에 날리고 소리가 우주를 진동하여 세계 각 민족으로 하여금 고르게 독립의 자격이 있다는 것을 인식하게 하였다. 이 날에 있었던 우리 민족의 독립운동은 실로 이날로부터 비롯된 것이 아니다. 갑진년의 의정육조와 을사년의 보호조약으로부터 그 후로 독립운동을 하여 일찍이 하루도 쉼이 없었다. 우리 의병이 독립운동을 하다가 순국한 것이 몇 만이고 우리 열사가 독립운동을 하다가 순국한 자가 천백이다.

우리 지사단志士團의 죽지 않는 자가 안팎으로 분주하고 독립을 부르짖으면서 국혼을 고무하여 일으키는 자가 또 헤아릴 수 없는 숫자이다.

급진急進과 완진緩進이 서로 계속되는 것이 수십 년인데 오히려 세계의 주목을 이끌어내지 못했다. 이에 3·1 선언 이후에 우리 민족이 남녀노소가 없이, 내외와 원근이 없이 전체의 활동이 일치하여 일어나 끓는 물에 뛰어 들고 불을 밟고 만 번 죽어도 사양하지 않았다.

지난번에 이토를 총격한 자가 안중근 한 사람이었지만 지금은 몇백 명의 안중근이 나왔다. 지난번에 이완용을 칼로 찌른 자가 이재명 한 사람이었지만 지금은 몇천 명의 이재명이 나왔다. 이에 세계 각 민족이 비로소 우리 민족이 독립 자격이 있다는 것을 인식하고 서로 이구동성으로 말하기를 "한국은 사천 년의 오래된 역사가 있고 총명하고 빼어난 이천만 민족이 있다. 고대문화에 있어서는 일인日人의 선도가 되니 비록 일인이 일시 폭력으로 합병을 강행했으나 결코 오래 엿보아 동화하지 못할 것이다. 반도강산이 새로운 기운이 이미 나타나니 능히 독립에 도달하는 것은 오직 시간문제라고 할 따름이다. 그러하니 우리 민족의 앞길의 결과는 확고하게 관계되는 것이 의심이 없는데 시간문제에 대해서는 어떻게 진행하는 것이 가한가"라고 한다.

어떤 이는 말하기를 "미·일美日 교섭이 날로 험악하게 되어 반드시 전쟁을 하는데 면하지 못하게 될 것이니 이것이 기회이다." 라고 하고, 어떤 이는 말하기를 "러시아의 신당이 여러 번 쓰러지고 여러 번 분발하여 적화赤化를 선포하여 장차 일인과 복수의 다툼이 있을 것이니 이것이 또한 기회이다."라고 하고, 어떤 이는 말하기를 "일본 내부의 사회파社會派가 날로 발전을 하여 조만간에 혁명의 거사가 있을 것이니 이것이 또한 기회이다."라고 하니 이 같은 따위가 진실로 모두 당연한 사실이나 우리 민족의 독립은 마땅히 자력으로 해야 하고 결코 이러한 밖으로부터 오는 세勢를 믿고 투기의 사업을 할 수 없다.

어떤 이는 말하기를 "우리 민족의 활동은 맨손뿐이요 붉은 피뿐이다. 물질의 실력이 부족하니 어찌 자력으로 독립에 도달할 수 있겠는가."라고 한다. 내가 말하기를 "허! 이 무슨 말인가. 지금 우리 민족이 독립의 기치를 들었다. 가령 밖으로부터 오는 기회가 없다면 드디어 이 운동을 그만두어야 한단 말인가. 진실로 진행의 방법이 그 마땅함을 얻으면 또한 어찌 자력이 부족하겠는가. 진행의 방법으로 말하면 오직 정신상·사실상 두 종류의 분투의 힘이 스스로

믿을 수 있는 것이 된다.[15]

'혈사'의 결론 (2)

정신상 분투는 오직 견인堅忍과 내구耐久일 따름이다.
무릇 인류가 경쟁무대에 서서 위험을 무릅쓰고 용맹전진하
여 역전 고투하여 만 번 죽는 가운데 한 번 살아나고 백 번
패한 나머지에 한 번 성공을 한 것은 모두 인내력의 효과이
다. 지금 우리 민족이 이미 모두 눈으로는 창과 칼에서 피
하지 못하고 발은 철망에서 장애를 받음이 없이 용감하고
장렬하게 분투한 것이 이미 두 해이다.

만약에 혹 세 번 북을 침에 기가 다하고 한 번 넘어짐에
떨치지 못하여 계속하여 장구하게 진행하지 못한다면 천운
이 능히 보우하지 못하고 기회의 도움을 받지 못할 것이다.
과연 능히 견인하고 내구하여 백 번 꺾여도 돌릴 수 없고
열 번 넘어져도 반드시 일어나 현상에 비관하지 말며 험한
길에 퇴각함이 없다면 최후 결과는 반드시 승첩을 이룰 것
이니 이것은 정신상 진행의 방법이다.

사실상에 나아가 논하면 만약에 정식 전쟁을 한다면 우
리는 진실로 결코 승리하기 어렵지만 우리는 여러 방면으
로 그르게 하여 저들이 통치의 힘을 잃게 하는 것은 넉넉히
할 수 있으니 무엇 때문에 이렇게 말할 수 있는가. 지난 날

우리나라 정계에서 한 명의 혹리酷吏가 있어 기형奇形을 창조하고 범죄자를 독하게 때려 피부가 터지고 피가 흘러 죽음에 이르게 하였다.

여러 번 군현을 맡아 위엄의 명성이 자심하였는데, 홍천군수가 되어 이교吏校와 예졸隸卒이 듣고는 협의하여 말하기를 "우리들이 만약에 이 사람의 손에 형벌을 받으면 거의 죽게 될 것이니 어찌 동맹을 하여 저항하여 제압할 계획을 세우지 않겠는가."라고 하여 사무를 보는 날에 고의로 불순하게 굴어 그 노여움을 돋구었다.

군수가 사납고 인정이 마르기가 불과 같아 곤장을 치는 것이 자기의 뜻과 같지 않는 것을 꾸짖었다. 곤장을 잡은 졸卒이 범인에게 곤장을 치긴 했으나 대략 시행하지 않자 군수가 더욱 노하여 다시 다른 졸을 꾸짖어 곤장을 치게 하니 또한 앞 사람과 같이 하였다.

두 번 세 번 바꾸어도 똑같이 하였다. 군수가 비록 날뛰고 부르짖고 발광을 해도 마침내 어찌 할 수 없었다. 그제야 이속이 동맹으로 저항하여 제재하는 줄 알고 바로 그 날로 사직하고 돌아가 버렸다.

지금 우리 민족 2천만 인민이 저들의 행정에 대하여 일치하여 동맹으로 협력하여 저항하고 제재한다면 저들이 비록 기를 잃고 물러나지 않고자 하나 되겠는가. 지금 애굽(이

집트)의 독립운동으로 보면 공인工人은 공인工을 파업하고 상인商人은 저자를 파하고 학도는 학교를 파하고 관리는 퇴직하고 종종의 험한 상황이 끊임없이 계속되어 영국사람이 드디어 그 통치의 힘을 잃고 독립을 허락하였다.

에이란(아일랜드) 인구는 삼백만에 불과한데 능히 한 마음으로 협력하여 경찰서를 격파하고 납세를 거절하나 잡지 못하여 영국사람이 드디어 대응하는 데에 궁하였다. 지금 우리 민족은 진실로 이러한 정도에는 미치지 못하나 저들의 관리가 된 자가 있고 저들의 염탐개가 된 자가 있다.

그러므로 저들이 능히 그 폭정을 시행하고 우리 독립단의 기관을 정탐하였다. 만약에 우리 사람들 가운데 관리가 된 자로 하여금 다 퇴직하게 한다면 저들의 행정은 손을 쓸 곳이 없게 될 것이다. 우리들이 저들의 염탐개가 되는 자가 없고 여러 방면으로 엄호를 하면 폭정을 시행하거나 기관을 정탐하는 방법이 없게 될 것이다.

이와 같다면 비록 적극적으로 저 경리警吏와 서로 대항하더라도 저들이 장차 무슨 법으로 우리를 협공하여 제재하겠는가. 납세를 거절하는 것으로 말하면 소수의 사람이 그렇게 한다면 저들이 잡아서 형을 주겠지만 만약 이천만 명이 일치 동맹하여 다 납세 거부를 행한다면 저들이 어찌 하나 하나 찾아내어 잡아서 징계하여 다스리겠는가.

이에 저들의 통치가 완전히 힘을 잃게 될 것이니 비록 철수하여 돌아가지 않고자 하나 될 수 없을 것이고 비록 우리의 독립을 허락하지 않고자 하나 될 수 없을 것이다. 진실로 능히 이것을 따라서 행한다면 우리 민족의 독립은 자력으로 얻을 수 있을 것이니 어찌 밖으로부터 오는 기회를 기다릴 필요가 있겠는가.

전쟁의 방법과 같은 것에 이르러서는 우리 의군義軍의 제장諸將이 이미 마음으로 수십 년의 경험에서 터득한 바가 있으니 또한 내가 늘어놓는 말을 기다릴 필요가 없는 것이다.[16]

사학계 원로들의 평가

박은식의 『한국독립운동지혈사』는 『한국통사』와 함께 우리 근현대사 연구의 필독서이다. 무엇보다 각종 통계와 자료가 풍부하여 일제의 허위자료·통계 수치를 비판하고 진실에 접근할 수 있다. 또 용어 선택에 있어서도 여러 부분에서 근대적 정명正名을 사용하고 있음을 보여 준다.

예컨대 갑신정변은 갑신독립당혁명, 동학란은 동학혁명, 3·1운동은 3·1혁명 또는 혁명운동 등의 표현이 이에 속한다.

『혈사』와 관련 전문가들의 평가를 소개한다.

백암은 그의 독창적인 민족주의사관에 의거하여 우리
나라 근대사를 최초로 체계화하는 데 성공하였다. 박은식
은 체험과 견문뿐만 아니라 방대한 자료에 기초함으로써
그의 근대사학의 실증적 기반을 확고하게 구축하였고, 근
대역사학 방법과 근대사회과학 이론을 원용함으로써 구사
舊史를 완전히 극복하여 신사新史로서의 근대사를 체계적으
로 서술하였다.

그의 역사서술에 보이는 해박한 지식, 정확한 사실의
핵심의 포착, 객관적 서술, 예리한 통찰력, 장기적인 관점,
날카로운 비판정신은 그의 시대의 타인의 추종을 불허하는
탁월한 것이었다.

그는 이러한 기초위에서 자기가 태어나서 생활한 시대
의 우리나라 근대사를 체계화함으로써 동시에 우리나라 근
대역사학의 창건자 중의 하나가 된 것이었다.

백암이 '국혼의 역사관'에 의거한 근대사를 씀으로써
자기의 동포들을 독립투쟁에 분기시키고 동포들의 혈투의
희생이 결코 헛되지 아니해서 반드시 최후의 승리를 가져
올 것이라는 낙관주의적 확인을 정립시켜주었다는 사실은
이미 본문에서 자세히 밝히었으므로 거듭 설명할 필요가

없을 것이다.[17]

『통사』에 보였던 사회진화론적 독립운동 방략은 국혼
과 국수문화를 강조하면서 만주식민사업에 역점을 두었고,
이론상 평등주의를 강조하면서도 동학혁명을 '난'으로 표
현하는 한계를 보였다.

그러나 『혈사』에서는 이러한 한계들이 극복되면서 국
혼과 국수를 강조하는 정신주의가 다소 후퇴하고, 그 대신
2천만 인민의 단결된 힘에 의한 실제적 독립운동 방략을 제
시하고 있다. 『혈사』의 결론에서 제시되고 있는 이집트 및
아일랜드식 독립운동이 그것으로서 인민 각계 각층이 일제
와의 협력이나 복종을 거부하고 납세거부운동을 벌여야 할
뿐만 아니라, 수십 년간 축적된 독립전쟁의 경험을 살려가
야 한다는 것이다.

그리고 이와 같은 민중역량에 대한 자각과 자유·평등
이념에서 박은식은 갑신정변과 동학혁명을 '난'에서 '혁명'
으로 바꾸어 썼다.[18]

『통사』와 『혈사』는 비록 한문으로 기술되고, 아직 근대
역사학의 방법이 철저치 못하다는 형식적 결함 요건은 있
으나 새로운 민족주의 사학을 열어 그를 이은 신채호·장지

연·최남선·안재홍·정인보 등의 업적이 계승·발전한 것이다. (…)

『혈사』는 『통사』를 잇는 민족항일 항쟁사를 내용으로 하고 있다. 따라서 그가 집필을 시작한 연대에 일어난 3·1운동을 중심으로 취급하였으나, 일제 침략 이래의 모든 항일운동을 포함하여 체계화하기 위하여 1894년의 갑신정변에서부터 일제의 침략과 그에 대한 항쟁과 연유를 총괄하였다.

상·하 2편의 총 56장으로 되어, 상편이 3·1운동 이전이고, 하편이 3·1운동 발발 이후의 거족 항쟁 기록을 종합한 것이다.[19]

그의 사학은 전통적 유교사학을 비자주적인 것이라 인식하고 그것을 극복하는 과정에서 비유교적인 재야사학을 수용하였으며, 이로써 근대 민족주의 사학이 그러했던 것처럼, 종래의 사학사의 두 큰 흐름을 종합·발전시키려 했다고 생각된다. 그의 사학은 한말 일제하의 격동기에 자강독립을 위해서 처음에 영웅중심·국혼중심의 사관을 갖고 있었으나 점차 민중을 역사 주체로 인식해가면서 역사이해를 현실화시켜 갔다.

그러나 그보다 시기가 뒤진 신채호 등에게서 보이는 것

처럼, 민중을 항일자주독립운동의 핵심체로서 완전히 파악하는 단계에까지는 이르지 못했다. 또 그가 『통사』를 서술하면서 "이 책의 체재는 근세신사를 모방하여 사건을 따라 장章을 이룩한다"고 하여 근대적 서술체제를 갖추려 하였지만, 사료비판 등의 방법론에서는 한계점을 갖고 있었다.

따라서 박은식의 사학은 자기 시대의 개혁, 반외세 자강독립의 당위적 역사인식이 의식면에서는 지나치게 표출되었으나, 그것이 방법론이나 근대적인 역사주체 발견 면에서는 아직도 적극적인 평가를 내릴 수 없는, 한계점이 엿보이는 단계의 사학이었다.

그러나 근대 민족주의사학 성립에서 전통적 유교사학의 극복·지양과 반외세·자주독립의식의 고양이 중요한 요소로서 지적될 수 있다면, 박은식은 이러한 관점에서 한국 근대사학사에서 중요한 역할을 담당했다고 본다.[20]

10장

혼란에 빠진
임시정부 제2대
대통령에 봉대

이승만, 임정 국무총리에 추대됐으나

국치 이래 희망을 잃고 노예처럼 살던 한민족은 3·1혁명을
계기로 근대적 민족의식에 눈뜨게 되고, 수많은 청년들이 나라
를 되찾기 위해 국내에서 또는 해외 망명을 택해 독립전선에
서게 되었다. 3·1혁명은 태평양 건너에서 민족의식을 잠재운
채 태평한 활동을 해오던 이승만에게도 새로운 각성과 분기의
계기가 되었다.

이승만은 3월 10일 서재필에게서 국내의 3·1혁명 소식을
전해 들었다. 이 소식은 상하이에 머물던 현순 목사가 3월 9일
미국에 있는 안창호에게 알리고, 안창호가 서재필에게, 서재필
이 다시 이승만에게 전보를 통해 알려주었다.

재미 독립운동가들은 미국 독립운동의 요람지로 독립기념

관이 있는 필라델피아에서 4월 14일 한인대회를 열었다. 14일부터 16일까지 3일 동안 필라델피아 소극장에서 열린 이 대회는 서재필·이승만·윤병구·민찬호·정한경·임병직·김현철·장기영·천세권·유일한·김현구·조병옥·노디 김 등 재미 독립운동가 150여 명이 참석하였다.

이 대회는 「미국정부에 보내는 호소문」과 「노령 임시정부 지지문」 등을 채택하고, 「3·1독립선언서」를 낭독한 다음 '대한공화국 만세!', '미국 만세!' 등의 구호를 외치며 참가자들이 회의장에서 독립기념관까지 시가행진을 하였다. 필라델피아의 한인 시위행진 소식은 미국 언론에도 보도되었다.

3·1혁명 후 국내외에서는 몇 갈래로 임시정부 수립이 시도되었다. 국치 이후 독립운동가들은 먼저 해외에서 임시정부 수립을 시도하였다. 1914년 블라디보스토크에서 이상설·이동휘 등이 대한광복군정부를 수립하고, 1917년 상하이에서 신규식·조소앙 등 17명이 대동단결선언을 통해 임시정부의 수립을 제창한 바 있다. 본격적인 임시정부의 수립은 3·1만세 시위 직후에 전개되었다. 기미독립선언서에서 '조선이 독립국'임을 선언하였으니, 이를 대변하는 민족의 대표기구를 설립하는 것은 당연한 수순이었다.

1919년 3~4월에 국내외적으로 도합 8개의 임시정부가 수립 선포되었다. 조선민국임시정부, 신한민국임시정부, 대한민간정부, 고려공화정부, 간도임시정부 등은 수립 과정이 분명하지 않은 채 전단으로만 발표되었다. 실제적인 조직과 기반을 갖추고 수립된 것은 러시아 연해주, 상하이, 한성의 임시정부였다.

상하이에서 대한민국 임시정부가 수립된 것은 1919년 4월 11일이다. 일제로부터 국토와 주권, 인민을 완전히 되찾아 '정식' 정부를 수립할 때까지 한시적으로 '임시'로 세운 정부였다. 상하이에서 국내외에서 모여든 조선의 각도 대표 29명이 4월 10~11일 임시의정원 회의를 개최하고 여기서 임시헌장 10개 조와 정부 관제를 채택, 임시정부를 수립하여 대내외에 선포하였다.

임시헌장의 10개 조항에는 "대한민국은 민주공화국이다"(제1조), "대한민국은 임시정부가 임시의정원의 결의에 의하여 이를 통치함"(제2조), "대한민국의 인민은 남녀·빈부 및 계급 없이 일체 평등으로 함"(제3조), "대한민국의 인민은 종교·언론·저작·출판·결사·집회·주소이전·신체 및 소유의 자유를 향유함"(제4조) 등 근대적 민주공화제의 헌법 내용을 담았다.

상하이 임시정부는 최고 수반인 국무총리 선출을 둘러싸고 심한 논란이 일었다. 국무총리 이승만의 적격성에 대한 논란이었다. 이회영·신채호·박용만 등 무장독립운동계열 인사들이 '위임통치론'을 제기한 이승만을 거세게 비판하고, 의정원에서 이승만이 선출되자 이들은 회의장에서 퇴장하기에 이르렀다. 이들은 외세에 의존하여 절대독립을 방해하는 사람이 새 정부의 수반이 될 수 없다는 주장을 강하게 폈다.

이승만은 1919년 4월 15일 하와이에서 상하이에 있는 측근 현순으로부터 임시정부 조직과 국무총리에 선출된 사실을 전문으로 전달받았다. 전문에는 각원의 명단도 포함되어 있었다. 이승만은 다음날 의정원의 지침에 따라 현순이 보낸 "국무총리에 취임하던지 대리를 지정하라"는 전문을 다시 받았다. 그러나 상하이 임시정부는 5월 말에야 이동녕 의정원 의장 명의로 이승만에게 총리 선임 사실을 통보하였다. 하와이에서 발행되는 『신한민보』를 통해서 이런 사실이 보도되면서, 이승만의 성가는 미주 한인 사회에서 날로 높아갔다.

그런데도 이승만은 상하이로 오지 않고 미국에 머물러 있었다. 한성정부와의 관계 때문이었다. 그 사이 3·1혁명 이후 여러 곳에서 수립된 임시정부의 통합운동이 전개되었다. 각 정부가 추대한 정부 수반이나 각료가 상호 중복되어 있고 또 국내외 각지에 떨어져 활동하고 있어 미취임 상태로 있는 경우가 대부분이었다. 따라서 각각의 임시정부는 기능이 공백상태에 빠져들었고 원활한 활동을 하기가 쉽지 않았다. 이와 같은 문제를 해결하기 위하여 단일정부로의 통합이 모색되었다.

상하이 임시정부 국무총리 대리이며 내무총장인 안창호가

8월 말 임시의정원 회의에서 한성정부 및 블라디보스토크의 국민의회 정부와의 통합과 정부개편안을 제시하였다. 이에 따라 수차례의 논의 끝에 9월 6일 3개 정부의 통합이 이루어지고, 정부 수반의 호칭을 대통령으로 하는 새 헌법과 개선된 국무위원 명단이 발표되었다.

통합 임시정부가 정부 수반을 국무총리에서 대통령으로 바꾸게 된 것은 미국에 있는 이승만의 줄기찬 요구 때문이었다. 국무총리로 선출되고서도 상하이에 오지 않고 미국에서 활동해온 이승만은 국무총리 아닌 대통령으로 행세하였다. 그는 대통령 호칭에 강한 집념을 갖고 있었다. 미국식 정치와 문화에 깊숙이 젖어 있어서 미국 정부의 수반 프레지던트란 호칭이 의식에 각인된 까닭일 터였다. 그는 한성정부의 수반으로 추대될 즈음부터 '대통령'으로 자임하였다. 『신한민보』와의 회견에서도 자신을 대통령으로 호칭했다.

이승만은 상하이 임시정부 직제에 대통령 직함이 존재하지 않았고 국무총리 직제인데도 불구하고 군이 한글로 대통령, 영어로 프레지던트를 자임한 것이다. 사소한 문제라 여길지 모르지만 그는 헌법 위에 군림하는 오만함을 보여주었다. 해방 뒤 집권하여 몇 차례나 헌법을 뜯어고치고, 헌법을 무시하면서 멋대로 통치한 것은 따지고 보면 이때부터 '헌법 위에 군림'하는 태도에서 발원한다.

상하이 임시정부는 수립 초기부터 정부령 제1호와 제2호를 연달아 반포하여 내외 동포에서 납세를 전면 거부할 것(제1호)과, 적(일제)의 재판과 행정상의 모든 명령을 거절하라(제2호)는 강력한 포고문을 발령하였다. 그리고 국내조직으로 연통부와 교통국을 설치한 데 이어 해외에는 거류민단을 조직하여 임시정부의 관리하에 두었다. 연통부는 지방행정조직이고 교통국은 비밀 통신조직이었다. 그러나 1920년 말부터 일제의 정보망에 걸려 국내의 지방조직이 파괴되고, 3·1혁명의 열기도 점차 사그라지면서 국내의 독립기금 송금과 청년들의 임시정부 참여가 크게 줄어들었다.

임시정부, 분열상태 심화

상하이 임시정부는 이승만 대통령 선임을 둘러싸고 외무총장 박용만과 교통총장 문창범이 취임을 거부한 데 이어 이회영·신채호 등 무장투쟁 주창자들이 상하이를 떠나 북경으로 올라가버렸다. 엎친 데 덮친 격으로 1920년 국무총리 이동휘가 러시아에서 지원한 독립자금을 독자적으로 처리하여 물의를 일으키다가 1921년에 임시정부를 떠났다. 이에 임시정부는 이동녕·신규식·노백린이 차례로 국무총리 대리를 맡아 정부를 이끌 만큼 불안정한 상태로 운영되었다.

워싱턴에 머물고 있던 이승만은 1920년 6월 29일 호놀룰루를 거쳐 운송선 웨스트 하키호를 타고 20여 일 간의 지루한 항해 끝에 12월 5일 오전 상하이에 도착하였다. 미국 정부의 여권을 받지 못하여 하키호 밑바닥 선창에 몸을 숨겨서 들어왔다. 비서 임병직이 수행하였다.

상하이에 도착한 이승만은 여운형의 소개로 프랑스 조계에 위치한 미국인 안식교선교사 크로프트 목사의 집에 기거하면서, 12월 13일 임시정부 청사를 방문, 처음으로 국무위원, 의정원의원들과 상면하였다.

이승만을 맞은 임시정부 요인들은 환영파티를 열어주고, 기관지 『독립신문』은 그동안 미온적이었던 태도를 바꾸어 열렬한 환영사로 격려하였다. 다음은 이승만이 참석한 첫 국무회의 단면이다.

△ 이동휘(국무총리): 제1차 세계대전 후에 민족자결주의가 세계 약소민족의 궐기를 일으키고 절대 자유독립을 실현시켜야 할 터인데, 이 박사의 위임통치 청원과 정한경의 자치론이 국제 국가에 혼란을 주고 우리 민족 자체의 독립정신을 현혹시키고 있어 사회 비난이 비등한데 이 박사의 대책은 어떠한가.

△이승만: 위임통치는 고의적인 동기에서 한 것이 아니고 그러한 문제라도 제시하여 한국문제 선전을 시작하자는 뜻에서 한 것뿐이며 그것이 독립을 부인하는 위임통치도 아니고, 그 문제는 지나간 일이고 지금은 국제적이나 한국 내에도 현혹되는 일이다. 사람들이 돌연히 여론을 조작하여 시비를 하는 것이다.[1]

이승만은 대단히 무책임한 발언을 하였다. 장래 국가 민족의 사활이 걸린 문제를 '고의적'이 아니라 '선전'을 목적으로 하게 되었다는 변명이었다. 그리고 사람들이 여론을 조작하여 시비를 한다고 몰아붙였다.

임시정부 국무위원들은 이승만이 정부가 수립된 지 1년 반 만에 왔으니 임시 대통령으로서 무슨 방책을 준비해 온 것으로 믿고 기다렸으나, 아무런 방안도 내놓지 못하자 다음과 같이 제안했다.

첫째, 임시 대통령이 직접 현지에 머물면서 정부를 주관할 것.
둘째, 그것이 불가능하면 행정 결재권을 국무총리에 위임하고, 국무총리는 매월 대통령에게 정무보고를 할 것.

이에 대해 이승만은 다음과 같이 답변했다.

> 첫째, 워싱턴 외교사업이 중요하기 때문에 그곳을 떠날
> 수 없고
> 둘째, 행정결재권도 내줄 수 없으며
> 셋째, 국정은 현상대로 유지할 것이며
> 넷째, 중요한 행정사건은 반드시 워싱턴에 보내서 대통
> 령의 결재를 받아서 처리할 것.[2]

이승만에게 기대를 걸었던 임정 요인들은 실망하지 않을 수 없었다. 이에 반발하여 이동휘·안창호·김규식·남형우 등 거물급 지도자들이 속속 임시정부를 떠났다. 이승만은 이들을 붙잡아 포용하려는 대신 신규식·이동녕·이시영·노백린·손정도 등을 새 국무위원으로 임명하여 위기를 넘기고자 하였다.

당시 만주, 간도, 연해주 등지에서는 민족독립을 위한 무장 독립전쟁 단체들이 속속 결성되어 피나는 항일투쟁을 벌이고 있었다. 북로군정서, 대한독립군단, 대한광복군, 광복군총영, 의열단, 의군부, 대한신민단, 혈성단, 신대한청년회, 복황단, 창의단, 청년맹호단, 학생광복단, 자위단 등이 결성되고, 특히 1911년 신흥무관학교가 설립되어 강력한 군사훈련을 통해 독립군 간부들을 양성하였다.

만주 각지에서 조직된 무장독립군 세력은 상호 연대하여 봉오동전투(1920년 6월)와 청산리전투(1920년 10월)를 통해 국치 이래 최대의 항일 대첩을 이루었다. 이에 대한 보복으로 일제는 훈춘사건을 일으켜 조선인을 무차별적으로 살육하는 만행을 저질렀다. 이런 상황인데도 상하이 임시정부는 이승만의 독선과 독주로 요인들이 하나둘씩 떠나가고, 실현성이 취약한 '외교독립론'에 빠져 있었다.

임시정부, 이승만 대통령 불신임 의결

이승만이 상하이에 도착한 지 한 달 만에 국무총리 이동휘가 사표를 제출하고, 그 뒤를 이어 안창호(노동국 총판)·김규식(학무부 총장)·남형우(교통부 총장) 등이 차례로 정부를 떠났다. 이승만을 수행했던 임병직의 회고에 따르면, 정부 각료들 사이에 독립운동 방법론을 둘러싸고 '강경론'과 '온건론'이 대립하고 있었다. 즉 강경론자들은 만주에서 무장활동의 본격화, 러시아 및 중국 내 배일 정당과의 제휴 및 공동전선 구축, 국내에서의 게릴라전의 전개와 총독부 고위 관리의 암살 등을 주장했다.

이에 대하여 이승만은 무장투쟁과 암살 활동은 국내 동포에 대한 일본의 탄압을 가중시키며, 공산당의 원조에 의하여 한국의 독립을 성취한다는 것은 조국을 다시 공산주의국가의 노예로 만들자는 것이라고 주장하며 반대하였다.[3]

임시정부는 독립운동의 방략을 논의하면서 현실성이 없는 이승만의 '외교독립론'의 미망에서 헤어나지 못한 채 분열되고 있었다. 거기다 이승만은 정무에 전념하지도 않았다.

> 상해 체류기간 이승만은 틈을 내어 3월 5~10일 간에는 장붕과 함께 남경을, 3월 25~27일 간에는 크로푸트 부처와 함께 유하를, 그리고 5월 24~25일 간에는 크로푸트 부처 및 신익희 등과 함께 소주를 관광했다.[4]

이승만의 독선적인 정부 운영과 무대책에 실망한 임시정부 국무위원들과 의정원의원들은 국민대회를 준비하면서 지도체제를 대통령중심제에서 국무위원중심제 즉 일종의 내각책임제로 바꾸는 개헌작업을 시도하였다. 이승만이 이에 반대하면서 임정은 더욱 분열상이 가중되고, 이를 이유로 이승만은 1921년 5월 29일 마닐라행 기선 컬럼비아호를 타고 상하이를 떠나고 말았다. 이승만의 1년 반 동안 임시정부의 활동은 이로써 사실상 끝나게 되었다. 하지만 그는 대통령직을 사퇴하지 않고 임시정부를 떠났다.

6월 29일 호놀룰루에 도착한 이승만은 민찬호 등과 대한인 동지회를 조직하고, 동지회 창립석상에서 임시정부를 맹렬하게 비난했다.

임시정부 의정원은 1922년 6월 10일 이승만 대통령 불신임안을 제출하여 일주일간의 토의 끝에 6월 17일 재적의원 3분의 2의 찬성으로 불신임안을 의결하였다. 정부수립 6년여 만에 임시대통령 불신임안이 채택된 것이다. 다음은 5개 항의 '불신임'의 이유다.

① 임시대통령 피선 6년에 인민의 불신임이 현저하여 각지에서 반대가 날마다 증가되며 그 영향이 임시정부에 미치는데 민중을 융화하지 못하고 감정으로만 민중여론을 배척하는 까닭에 분규와 파쟁이 조장되고 독립운동이 침체상태에 빠져 있다.

② 임시대통령 이승만이 대미 외교사업을 빙자하며 미주에서 동포들이 상납하는 재정을 수합하여 임의 사용하였고 정부 재정을 돌아보지 않았으며 국제연맹과 열강회의를 대상으로 하던 구미위원부 외교사무가 중단됨에도 불구하고 헛된 선전으로 동포를 유혹하여 외교용 모집을 계속하여 그 재정으로 자기의 동조자를 매수하고 있다.

③ 국무위원이 총사직을 제출하였으나 임시대통령이 그 사직청원서를 처리하지 못하고 몽매한 처사로 여러 번 국무총리를 임명하였는데 당사자가 알지 못하게 단독적 행사를 하여 혼란을 계속할 뿐이고 아직도 정부를 정돈하지 못하고 있다.

④ 국무위원은 총사직을 발표한 다음 아직도 거취를 작정하지 못하고, 다만 임시대통령의 처사를 기다린다고 하여 곤란한 시국에 대책 없이 앉아서 감정적 행동으로 정부위신을 타락시키고 있다.

⑤ 이상의 사실이 임시대통령과 국무원 불신임안 제출의 이유다.[5]

탄핵 '이승만의 범과 사실' 제시

임시의정원의 '불신임' 결의에도 이승만은 대안의 불구경하듯 하였다. 무책임·독선·아집의 극치였다. 구미위원부의 사업을 빙자하여 임시정부의 허락도 없이 독립공채를 팔아 자신과 측근들의 활동비에 충당하였다.

1925년 3월 11일 임시정부 의정원의원 곽헌·최석순·문일민·고준택·강창제·강경신·나창헌·김현구·임득신·채운개 등의 명의로 '임시대통령 이승만 탄핵안'이 발의되고, 임시 대통령 심판위원장 나창헌, 심판위원 곽헌, 채원개, 김현구, 최석순이 선임되었다. 심판위원회의 심의를 거쳐 임시의정원에 「임시대통령 이승만 심판서」를 의결하고 주문主文으로 "임시대통령 이승만을 면직한다"고 공표하였다. 다음은 '면직 사유'의 일부문이다.

　　이승만은 외교에 언탁言托하고 직무지를 떠나 5년간 원양 일우에 격재하면서 난국수습과 대업진행에 하등 성의를 다하지 않았을 뿐 아니라 허무한 사실을 제조 간포하여 정부의 위신을 손상하고, 민심을 분산시켰음은 물론 정부의 행정을 저해하고 국고 수입을 빙의하며 의정원의 신성을 모독하고 공결公決을 부인하며 심지어는 정부의 행정과 재정을 방해하고, 임시헌법에 의하여 의정원의 선거에 의해 취임한 임시대통령으로서 자기 지위에 불리한 의결이라 하여 의정원의 결의를 부인하고 한성조직 계통이라 운운함과 같은 대한민국의 임시헌법을 근본적으로 부인하는 행위이다.

　　여사 국정을 부인하고 국헌을 부인하는 자를 하루라도 국가원수의 직에 두는 것은 대업 진행을 가할 수 없으며 국법의 신성을 보유하기 어려울 뿐 아니라 순국 제현도 명

목瞑目할 수 없는 바이며 또한 살아 있는 충용의 소망이 아니다.[6]

이승만은 임시대통령에 취임한 지 6년여 만에 의정원에서 면직되었다. 헌법 절차에 따른 탄핵이었다. 이와 관련 임시정부 기관지 『독립신문』은 다음과 같이 보도했다.

　　작년에 의정원 회의에서 이승만 대통령의 유고안이 통과된 후로 대통령의 행동은 더욱이 위법적 과실이 다多 한지라, 차로 인하야 의정원 내에서는 대통령에 대한 의론이 자못 불일不一 하던 바 마침내 대통령 탄핵안이 상안上案되야, 거 18일 회의에 해 탄핵안이 통과되고 원의 결의로 대통령 이승만을 심판해 부의하였던 바, 거 23일 회의에 심판위원의 보고를 접수하야 심판서의 주문 임시대통령 이승만을 면직함이라 한 면직 안이 결의로 통과되다.[7]

대한민국은 헌법 전문에서 대한민국 임시정부의 법통을 계승한다고 명시하고 있다. '법통'이란 '법과 전통'을 의미할진대, 임시정부의 초대 대통령이 탄핵 당한 것은 불행하고 부끄러운 일이었다. 그런데 더욱 부끄러운 것은 이로부터 35년 뒤인 1960년 4월, 국민의 궐기로 이번에는 정식 대통령직에서 다시 쫓겨난 사실이다. 임시정부에서 탄핵된 이승만은 하와이에 머물면서 활동하고, 두 번째 탄핵 역시 하와이에서 망명생활을 하게 되었다. 그로부터 57년이 지난 2017년 제18대 대통령 박근혜가 탄핵되었다.

임시정부가 이승만을 탄핵하면서 결정한 「이승만의 범과犯過 사실」은 다음과 같다.

① 임시대통령 이승만이 그 직임에 피선된 지 6년에 임시대통령의 선서를 이행하지 않았으며 정부행정을 집정하지 않았고 직원들과 불목하여 정책을 세워보지 못하였다.

② 임시대통령 이승만이 대미 외교사업을 목적으로 설립한 구미위원부를 가지고 국무원과 충돌하였고 아무 때나 자의로 법령을 발표하여 질서를 혼란하게 하였으니 정부의 처사가 자기의 의사에 맞지 않으면 동조자들을 선동하여 정부에 반항하였다.

③ 임시대통령 이승만은 그 직임이 국내 13도 대표가 임명한 것이라 하여 신성불가침의 태도를 가지고 임시의정원 결의를 무시하며 대통령직임을 황제로 생각하여 국부라 하며 평생직업을 만들려는 행동으로써 민주주의 정신을 말살하였다.

④ 임시대통령 이승만이 미주에 앉아서 구미위원부로
하여금 재미동포의 인구세와 정부후원금과 공채표
발매금들을 전부 수합하여 자의로 처리하고 정부에
재정보고를 하지 않아서 재정범위가 어느 정도까지
달하였는지 알지 못하게 하였다.

⑤ 임시대통령이 민중단체의 지도자들과 충돌하여 정
부를 고립 상태로 만들고 재미 한인사회의 인심을
선동하여 파쟁을 계속하므로 독립운동에 막대한 지
장을 주었다.[8]

임시의정원은 탄핵의결서를 이승만에게 송부하면서 이의
가 있으면 공소하라고 하였으나 그는 끝내 함구하였다. 그리고
워싱턴에서 1924년 10월 25일 하와이로 귀환하여 임시정부를
심하게 비판하였다.

11장

임시정부 제2대
대통령 추대
그리고 서거

임시정부 제2대 대통령

임시정부 요인들은 이승만에 의해 어지럽혀진 임시정부의 혼란수습에 나섰다. 임시의정원은 1925년 3월 21일 이승만 탄핵 심판위원회의 심판서를 접수하고 "임시대통령 이승만을 면직함"이라는 '주문主文'을 발표함과 아울러 새 대통령에 『독립신문』 사장·주필인 박은식을 선임하였다.

박은식은 이에 앞서 1924년 12월 11일 임시정부 국무총리에 취임하고 유고상태인 대통령 대리를 겸직하고 있었다. 그런 가운데 의정원에서 이승만의 탄핵이 결정되면서 정식으로 대한민국 임시정부의 제2대 대통령으로 선임되었다.

박은식은 1920년 12월 8일 이승만이 임시정부 대통령에 선임되고 1년 6개월 만에 상하이에 도착하자 망명지사들과 함께

상하이에서 열린 대한민국 임시정부 대통령 이승만 환영식. 가운데가 이승만, 오른쪽에서
세 번째가 박은식이다. 박은식은 그 후 2대 대통령에 선출되었다.

같은 달 28일 성대하게 환영회를 열었다. 그리고 환영사를 통
해 국사에 전력할 것과 공화정치를 실천할 것을 주문하였으며,
정부의 모든 사람들은 이 박사의 지도를 기꺼이 받아 단결하자
고 역설하였다.

　　하지만 기대는 허사가 되고 말았다. 이승만은 독선과 아집
그리고 무대책으로 임시정부를 혼란만 가중시킨 채 결국 탄핵
당하고 후임에 박은식이 추대되었다. 의정원의원들은 그의 인
격과 애국심, 그리고 인화와 중국 조야 각계 인사들과의 폭넓
은 교우관계 등을 고려하여 혼란기 임시정부의 최고 지도자로

서 그를 선택한 것이다.

박은식의 나이 67세, 1911년 53세에 망명하여 만주와 블라디보스토크, 중국 관내의 수백만 리를 오가면서 국권회복투쟁에 나선 지 14년 만에 망명정부의 최고 수반에 선임되었다. 자신이 원해서가 아니라 과도기의 적합한 인물로서 추대된 것이다.

박은식은 3월 24일 임시정부 청사에서 조촐한 취임식을 갖고, 이어서 상하이 시내 3·1당에서 교민들과 함께 순국열사에 대한 추도식을 거행하였다. 추도사에서는 선열들의 뜻을 받들어 조국광복을 위해 정진할 것을 다짐하고 참석한 각료들을 격려하였다.

새 대통령에 취임한 박은식은 국무총리에 군무총장 노백린을 임명하고 나머지 각료들을 모두 유임시켰다. 박은식 내각은 다음과 같다.

대통령 박은식
국무총리 겸 군무총장 노백린
내무총장 이유필
법무총장 오영선
학무총장 조상섭
재무총장 이규홍.[1]

박은식은 성격상이나 체질적으로 관직에 연연하지 않은 인물이다. 한말에 남다른 학식과 자질에도 불구하고 능참봉에 그침은 물론 그 자리마저 버리고 현실에 참여하여 국권회복운동에 나선 일이나, 망명 시기 각지에서 각급 단체를 조직하고서도 윗자리를 양보하는 등의 모습에서 입증된다.

임시정부의 대통령직은 본인이 원해서가 아니라 혼란 수습을 위해서, 그야말로 '임시'적으로 추대되고, 그럴 요량으로 수락한 것이다.

임시정부는 그동안 이승만의 탄핵과 맞물리거나 운영을 둘러싸고, 그리고 이념과 시국관에 따라서, 정부의 개조를 주장하는 안창호 중심의 '개조파', 정부를 아예 해체하고 새로 조직하자는 이동휘·문창범 계열의 '창조파', 김구·이시영 등의 '현상유지파' 등으로 크게 갈렸다. 박은식은 어느 쪽에도 편향하지 않으면서 통합을 주선하는 입장이었다.

독립운동가들은 더 이상의 분열과 이합집산을 막기 위하여 임시정부의 통치구조를 바꾸기로 하였다. 박은식의 뜻이기도 한 개헌작업이 의정원을 중심으로 추진되어 대통령 대신 국무령과 국무원으로 조직되는 내각책임제로 바꾸는 데 대체적으로 인식을 같이 하였다.

이를 바탕으로 국무령을 최고 수반으로 하는 임시정부의 제3차 개헌안이 1925년 7월 7일 발효되면서 박은식은 '개정임시헌법 시행축식祝式'을 갖고 대통령직에서 물러났다. 3개월 보름 정도의 재임기간 중 내각책임제 개헌을 단행하고 하야한 것이다.

임시정부 대통령직에서 물러나며 썼던 고별사에서 박은식의 뜻을 엿볼 수 있다.

임시대통령 고별사

여余가 제군과 공히 정계에 주선한지 임의 6~7개월이라. 금일은 여의 의법 해직으로 인하야 고별을 겸하매 일언의 피력이 없을 수 없도다.

여의 소성素性이 우졸하여 정계에 자신이 없을뿐더러 쇠오잔년에 ○○한 탄식으로서 어찌 간난한 중임을 담부할 망상이 있었으리오. 우원노유週圓路遊 유존로에 화엄경을 피완하다가 졸지에 정부 수석을 향하여 노추를 현로케 됨은 더욱 기괴한 변상이라 할지나 여의 만부득이한 고충이 발생된 것은 실로 천인이 공분할 바라.

당일 현상으로 말하면 대통령 대리 이하 일반 각원이 일제 고퇴한 것이 혹은 의원의 공격으로 인하였다하나 그 실상은 각원 제씨가 다년 갈망하던 여에 아무리 정부 유지에 충성이 지극하나 구미위원부가 이대통령의 특별기관이 되어 정부의 접제가 둔절하매 ○말末의 세로 미봉이 미유한 즉 그들을 만류할 수 없어 드디어 무정부 상태에 처한지라, 만일 차제에 정부가 중절된다 하면 오족의 낙망과 적의 조소와 세인의 냉평이 여하하겠는가.

국민 의무의 사상이 조금 있는 자는 차를 참아 월시越視할 수 없는 것이오 또 작년 남만주 지방에 불행한 사변으로 아 동포의 사망과 유리의 참화가 차마 형언할 수 없고 후환의 ○○이 더욱 한량이 없은 즉 동포의 정의로도 차를 견見하고 개開하는 자는 골骨이 쇄하고 더욱이 열裂하지 않을 자 없거늘 하물며 최고기관의 정부란 명의가 있고서 차에 대하여 부책負責이 무인한가.

그시 의정원 대표가 여의 취직을 돈청하는 일에 혹은 여를 위하여 진저하는 자도 있고 혹은 여의 망동을 공격하는 자도 있고 혹은 여의 출산을 강권하는 자도 있었는데 여가 좌우로 측량하고 경중을 전술하매 정국의 위품과 지방의 비참을 대하여 불인不忍의 심心으로도 금치 못하겠고 일시 공기가 비록 험악하다하나

다수 동지의 부조가 있었으며 혹 대실수가 없을 듯 하기로 사양을 고집지 않고 감연히 출석하여 축사한지 6, 7개월간에 다행히 부원府院 제군의 일치 협조로써 기정한 법제 개정과 내정정비와 외교쇄신과 적극적인 각항 방침이 별로 장애없이 순행되고 지방의 분쟁도 간시 휴식이 되야 원상

을 회복하고

과거 기년간에 정부를 대항한다 부인한다 하든 남북만 각 단체가 의견을 소제하고 정부의 통일주의를 일치 옹호하기로 결정이 되었으니 차는 실로 제위 동지의 합심협력한 효과이니 어찌 여의 무능으로 치할 바리오.

이제 신헌법 실시의 일(날)은 여의 고퇴할 기期라. 무심면래無心而來나 무심이거無心而去는 여의 본원일 뿐더러 겸하여 추현양능推賢讓能의 미명을 취득케 됨은 더욱 공사의 대행大幸이라.

신국무령 후보인 이상룡 씨는 ○○숙덕宿德으로 성망이 소저素著하고 재만 다년에 광복사업을 위하여 효로한 성적이 많은 즉 우리 정국을 유지할 능력이 유한 것을 가히 확신할지며 우리 사회에 소위 지방별이니 당파별이니 하는 고질도 금일 차거로 인하여 소석消釋이 될지니 우리 전도에 이익될 점이 많은 즉 제군은 아무쪼록 여를 협조하든 충성으로서 신국무령을 협조하여 국사를 원만히 수행케 하면 오족 전도에 막대한 행복이라 하노라.

대한민국 7년 7월 7일

임시대통령 박은식[2]

권력의 속성 탓인지, 동서고금을 막론하고 대부분의 위정자들은 그 자리에 앉으면 권력강화와 연장을 위해 음모를 꾸미거나 위법적인 행위를 일삼는 데 비해 박은식은 짧은 기간에 자신의 권력을 내려놓은 개헌을 통해 권력을 분산시키고 지체 없이 대통령직에서 물러났다. 이승만과는 전혀 다른 모습이었다.

초대 국무령에는 서간도에서 독립운동을 지도해온 이상룡이 선출되었다. 하지만 상하이 지역 독립운동가들과의 갈등으로 이듬해 2월 면직되고 이어서 양기탁에서 홍진으로 국무령이 교체되는 등 임정의 분열상이 계속되었다.

하야한 박은식은 『독립신문』의 지면을 통해 동지들을 향해 통절하게 호소하였다. 「우리 국민이 기대하는 정부 제공에게」 등의 논설에서 보인 대로 화합과 단결을 촉구하였다. 그러나 분열상은 쉽게 아물지 않았다. 임시정부가 혼돈상태에 빠진 데는 몇 가지 배경이 있었다.

3·1혁명 후 국내에서 들어오던 독립자금이 일제의 탄압으로 차단되고, 애국 청년들의 참여도 길이 막혔다. 미주 동포들의 독립헌금은 이승만의 개인용도로 납입되면서 임시정부는 극도의 재정난에 시달려야 했다. 청사임대료와 중국인 직원 급료를 제때에 지불하지 못한 경우도 없지 않았다.

또한 러시아의 1917년 10월 혁명으로 독립운동 진영에도 사회주의 이데올로기가 작용하였다. 독립운동가 중에는 사회주의 신봉자들이 일정한 세력을 형성하면서 임시정부에서 주도권 경쟁이 벌어졌다. 여기에다 큰 기대를 모았던 이승만의 전횡과 분열책으로 임정요인들 사이에는 갈등과 반목이 조성된 것이다.

'유촉' 남기고 67세로 서거

박은식은 임시정부 대통령을 사임할 무렵부터 인후증咽喉症이 악화되고 차츰 기관지염을 앓게 되었다. 병약한 체질인데다 긴 망명기간의 고초가 겹치고 동지들 간의 분열상 등이 더욱 건강을 상하게 했던 것 같다.

박은식은 위급한 환중에서도 나라의 일을 걱정하면서 1925년 11월 1일 안중근 의사 동생 안공근을 불러 「유촉遺囑」을 남겼다. 유언이었다.

나의 병세가 금일에 이르러서는 심상치 않게 감각되오. 만일 내가 살아난다면이어니와 그렇지 못하다면 우리 동포에게 나의 몇 마디 말을 전하여 주오.

첫째, 독립운동을 하려면 접족적全族的으로 통일이 되어야 하고,

둘째, 독립운동을 최고 운동으로 하여 독립운동을 위하여는 어떠한 수단 방략이라도 쓸 수 있는 것이고,

셋째, 독립운동은 오족五族 전체에 관한 공공 사업이니 운동 동지간에는 애증·친소의 별別이 없어야 된다.

우리가 이 귀중한 독립운동을 기성期成시키려면 무엇보다도 첫째 전 민족의 통일을 요구하여야 되겠소.

1. 전족 통일이라 함은 말로 주장하기는 쉬우나 실행하기는 물론 극난한 일이오. 그러나 제일 먼저 주의할 것은 적어도 우리 광복 사업에 헌신하려고 자처한 건전분자들은 지중한 독립운동을 목표 세운 이상에는 환경의 어떠함을 물문勿問하고 다 한데 뭉쳐야 되겠소. 물론 어떤 나라에나 각 당파의 분별이 없을 수는 없으나, 적어도 일을 보는 민족들은 사당私黨 혹은 붕당朋黨을 짓지 않음이 사실이니, 여하튼 우리도 이 점에 크게 주의하여 장래 국가대업에 악영향을 끼치지 말아야 되겠소.

2. 독립운동은 우리의 제일 중대한 사업인 즉 차此를 기성코자 함에는 하등의 수단이나 방법을 가리지 못하게 됨이 사실이오.

바로 말하자면 즉 우리 민족의 체면이나 장래의 행복을 방해할 만한 위험성을 가진 일이 아니면 무엇이나 광복 사업에 대하여 일호一毫라도 이익 있게 보이는 일은 다 실행

하도록 주의하여야만 되겠소.

이같이 말함은 다른 뜻이 아니라, 즉 우리가 장래 우리 민족을 위하여 무슨 일을 하든지 제일 먼저 기초되는 독립 국가라는 것이 있어야 되겠소.

3. 독립운동의 성패는 우리 민족 전체의 사활 문제이니, 이미 말한 바와 같이 이 일에 성공코자 하면 우리가 통일적 행동을 하여야 되겠으며, 단결되어 일하려면 독립운동이라 하는 전 민족을 살리려는 대사업에 목표를 두고 이 일을 진행함에 사개인私個人 사이에 교분 혹은 감정 관계의 어떠함을 일절 돌아보지 말아야 되겠소.

나의 말한 것 몇 가지 일이 실행키에 어렵지 않음은 아니나 하려면 아니 될 것은 없고 잘 될 터이오.

이는 다른 말 아니라 우리가 금일까지 무엇이 아니 되니 무엇이 어찌하여 아니 되니 함은 통統히 우리가 일을 할 때에 성의를 다하지 못한 까닭이오. 아니 될 수야 어찌 있소.

대한민국 7년 11월 1일 필기 안공근[3]

박은식은 '유촉'을 남긴 후 이날 오후 8시경 상하이의 한 병원에서 꿈에도 그리던 조국광복을 보지 못한 채 67세를 일기로 서거하였다. 임시정부는 고인이 국가와 민족에 끼친 공훈을 추도하여 임정 수립 후 최초로 국장으로 장례를 치르고, 장지

박은식의 서거를 보도한 『중화보』의 기사

는 상하이 정안사로靜安寺路 공동묘지에 안장하였다.

임시정부는 그의 항일투쟁의 기록을 모아 전기를 편찬하기 위해 전기편찬위원회를 구성했으나 이후 어떻게 되었는지 남은 기록이 없다. 임시정부 기관지 『독립신문』의 특집을 비롯하여 국내 신문과 중국의 여러 신문에서 서거 관련 기사를 크게 실었다.

대한민국 정부는 1962년 대한민국 건국공로훈장복장(현 건국훈장 대통령장)을 수여하고, 유자遺子로서 광복군 장교 출신인 박시창朴始昌에게는 단장單章(현 건국훈장 독립장)을 수여하였다.

김영삼 대통령은 1993년 8월 광복 48주년에 즈음하여 그동안 상하이에 방치되었던 박은식을 비롯하여 노백린·김인전·

신규식·안태국 선생의 유해를 고국으로 봉환하여 국립묘지에 안장하였다.

백암 박은식 선생은 1911년 53세에 해외로 망명하여 온갖 풍상을 다 겪으면서 독립운동을 지도하다가 1925년 67세에 서거하고, 68년 만에 한줌 유골이 되어 꿈에도 그리던 고국으로 돌아왔다.

김영삼 대통령은 박은식 선생 등 임시정부 요인들의 국립묘지 안장식에서 "망국의 한을 품고 풍찬노숙하면서 나라를 찾으려 하셨고, 그 과정에서 쓰러져 이국의 땅에 묻혔으나 생전의 한결같은 소망은 독립된 본국에 돌아와 영광의 입성식人 城式을 한 뒤에 죽는 것이었다."라고 말하고, "이제나마 조국에 유해를 모시게 되었으니 저 세상에서도 기뻐하실 것이다."라고 추모하였다.[4]

국내에서 박은식 선생의 서거 소식을 들은 위당 정인보는 「십이애十二哀」라는 시조를 지었다. 박은식과 보재 이상설, 안당 민영달, 아관 신규식, 백은 유진태, 남강 이승훈, 만해 한용운 등 애국지사 12인을 추모하는 시조이다. 박은식 선생 부문을 소개한다.

굴원은 몃재랐다. '속' 공부로 절개 놉하

계오서 이제려면 온 '의지'가 되실 것을

우음띤 님의 신색이 눈물 될 줄 알리오.

정인보의 글을 한 가지 더 소개하자면 박은식 선생의 위독 소식이 국내에 전해지자 『개벽』지의 인터뷰에서 자신이 상하이에서 만났던 사연 등을 중심으로 근황을 소개한 회고담을 썼다. 일제의 광기가 극심했던 시절, 모든 언론이 총독부의 사전 검열을 받았던 때임을 기억하면서 읽어야 할 것이다.

개결무구介潔無垢의 박은식 선생

겸곡(또는 백암) 박은식 선생은 70근당(65, 6세)의 개결무구한 애국적 지사입니다. 그가 나를 끔찍이도 사랑하시는 고로 연령 관계는 불구하고 나는 그를 '형님'이라고 불렀습니다. 내가 그를 처음으로 대면하기는 이로부터 13년 전 (계축) 상해서입니다.

그 때에 우리는 ○○회를 조직하여 서로 연락하던 터인데, 그 회로서 마침 중국 명사 진기미陳其美 씨를 환영하기로 되었습니다. 환영하는 데는 환영사가 있어야 된다하여 그 책임은 내가 짓기로 되었습니다.

벽초(홍명희) 군과 같이 환영사를 짓느라고 반쯤이나 꾸들거리는 판인데 언뜻 보기에 그닥 시원치 않은 노인이 쓱 달려들더니 "무엇을 그리 오래 끄적거리느냐"고 하더니만 자기가 가로채 가지고 일필휘지에 한다하는 명문명사名文名辭를 써 놓습디다.

우리는 놀래였습니다. 알고보니 박은식 선생이였습니다. 이로부터 홍명희·신규식 등 제군과 같이 그이를 가까이 하게 되었습니다. 3~4개월이나 동정식同鼎食을 하였습니다.

그의 모형이라든지 체격은 땅기 적어보입니다. 중키에다가 얼굴이 길수그러하고 광대뼈가 좀 나온 듯 한데 두발이 적고 턱수염은 헤일 수 있으리만치 몇 대가 안 됩니다. 그리고 늘 미소의 기氣가 있습니다. 지사불변至死不變의 강미强味도 있습니다.

중국 의복을 늘 입는데 단추를 제구멍에 못채워서 옷자락이 위로 아래로 어긋남을 보고는 누구나 한 번씩 웃습니다. 무잡기無雜氣한 학자라 할런지요. 그리고 애주도 꽤 하십니다. 양명학을 좋아하십니다. 왕양명의 『전습록』 같은 것은 일과삼아 한 번씩 외우곤 합니다.

상해 계실 때에 『안중근전』·『한국통사』 등을 저술했습니다. 그후 홍콩에 있는 조선 형제의 간청을 받아 잡지 『향강』 편집인이 되셔서 상해로부터 홍콩으로 가실 때에 우리는 퍽도 섭섭했습니다.

선생은 우리더러도 같이가자 하였으나 그 당시는 같이 가지 못하고 그 뒤에야 우리는 갔습니다. 『향강』 잡지는 발행 3호만인가 4호만에 원세개 전정專政을 비평하였다가 그만 중지를 마쳤습니다. 그래서 다시 상해로 와서 선생은 백이부로라는 프랑스 조계의 어떤 중국인 집에 계셨습니다. 중국인 가족과 동정식은 말고 한 상에서 식사를 같이 함을 볼 때에 선생의 어인지력이 얼마나 한 것을 알겠습니다.

선생의 전반생으로 말씀하면 본래 해주 출생으로 일찍이 서울에 오셨다 합니다. 민씨가閔氏家에 선생 노릇도 하였다 합니다. 뒤에 영남인 곽종석 씨와 같이 경학원 강사로 계시다가(통정대부 정3품까지) 사범학교 교관으로도 계셨고 뒤에 서북학회장, 서북협성학교장, 황성신문사장 등을 역임하시다가 시국이 변천함을 따라 그만 다 집어던지고 경술년 경에 서간도로 들어가셨다 합니다.

서간도 계실 때에 『명림탑부전』·『동명왕실기』 등을 저술하셨다 합니다. 그 뒤 상해 방면으로 오셔서 혹은 조선형제 혹은 중국형제의 간間에서 불건강(속병이 계셔서 늘 괴로워한다)한 몸을 가지고 구차스럽게 그러나 꾸준하게 오늘날까지 지내십니다.

선생은 아주 개결합니다. 유없는 조행操行이라 할 수 있습니다. 어쨌던 조선이 이利하겠다면 어떠한 경우 어떠한 곤란이 있더라도 사양치 않고 나섭니다.

선생의 문장은 신채호 씨와 같이 그렇게 학자적 심각미

는 없으나 원활창달하기로 당대 조선의 제일인이라 할 수 있습니다. 장지연 씨라든지 유근 씨라든지 작고한 선생의 친구 중에서도 그의 문장을 따를 수 없으리라고 나는 믿습니다.

어떤 사람은 강유위康有爲 제자라고 하는 이도 있습니다만은 결코 그렇지 않습니다. 선생의 문장이 결코 강康만 못하지 않고 또한 성격이 다릅니다.

강은 명예나 돈을 생각하는 사람이지만 선생은 오직 개결무구할 뿐입니다. 혹 장병린章炳麟과는 비슷하다 할런지오.

선생의 근일 형편은 어떠신지 자세히 몰라 궁금합니다. 작년에 상해에서 온 『도로월간道路月刊』이란 잡지를 보니까 선생의 기서寄書도 있고 사진도 낫습디다. 그닥 노쇠해 보이지 안는데서 퍽 반가웠습니다.

선생이 대통령이 되셨다 합니다. 어떤 친구는 '박은식 씨 대통령'이란 말을 듣고 폴란드 대통령 패대레트스키 씨를 연상하는 이도 있습니다. 음악가로(피아노 대가) 대통령은 부당하다는 것과 같이 '학자로 대통령은 좀 무얼하다'고요. 그러나 나는 감히 그런 말을 못하겠습니다. 그러니 경국대략을 가졌다고도 못하겠습니다.[5]

12장

역사에 남은 명저

'이순신전' 연재한 '사민보'

박은식이 상하이에서 한국역사와 항일구국 논설을 집필한
순한문신문 『사민보四民報』와 미공개 저서 『단조사고檀祖事攷』
가 2002년에 발굴되어 학계와 독립운동연구가들의 많은 관심
을 불러 모았다.

그동안 박은식의 각종 자료에는 『사민보』 주필을 역임한
것으로만 전해졌을 뿐, 이 신문의 실물과 박은식의 글이 밝혀
지기는 이번이 처음이었다. 박은식은 중화민국 10년(1922) 10
월 상하이에서 중국인들이 창간한 『사민보』의 주필로 영입되
어 많은 글을 썼다. 그의 저서 중 손꼽히는 『이순신전』도 이 신
문에 연재된 앞 부문이 한글로 번역되어 국내에 소개되었는데
새로 중·후반부의 내용도 찾게 되었다. 『이순신전』은 당초 『사

민보』에 연재한 것을 중국 충칭에서 발족한 한국 광복군기관지『광복』제1권에 제6장까지만 실렸던 것을 해방 후 국내에 그대로 소개되었다. 이때에 19장까지 전문이 밝혀진 것은 큰 성과였다.

이 자료는 신라대학 배용환 교수가 상하이에서 입수하여 『대한매일』과 동방미디어가 공동추진 중인 '박은식·양기탁전집 편찬위원회'(위원장 윤병석 인하대명예교수)에 기증하였다.

『사민보』는 상하이 망평가 261호에서 발행된 순한문 신문으로 사장을 비롯 사원 모두가 중국인이었다. 심산 김창숙의 『심산유고』에 따르면 『사민보』는 매일 3만여 부를 인쇄하고, 한국에도 2천여 부를 우송하여 국내 독자들에게도 큰 영향을 준 것으로 밝혀졌다. 중국 역사와 한문에 박식했던 박은식은 한문으로 논설을 집필하면서 『이순신전』을 연재하였다. 1922년 11월 12일부터 박은식은 또 다른 아호 '백치白癡'란 필명으로 이 신문에 『이순신전』을 연재하고 각종 논설을 썼다.

『이순신전』은 첫날 「고금수군지 제일위인古今水軍之第一偉人」, 「세계 철갑군함의 비조」, 「동양유교계 진정영웅」이란 소제목을 달고 연재되었다. 박은식은 이충무공 사후 300여 년 후 한국이 망하고 중국 역시 위기와 굴욕에 빠진 이유는, 국민이 이순신의 이름을 알지만 그 정신을 제대로 알지 못한 때문이라고 서두를 시작했다.

박은식은 『이순신전』을 연재하는 한편 '학부學府(학예)'난에 다양한 논설을 썼다. 「고려선유 율곡 이이 약사高麗先儒 栗谷 李珥 略史」, 「민족생존권」, 「민력民力 추진희망」, 「근로계급 향상 진전」, 「장강長江의 쟁점」, 「세계경제 추세」, 「군벌세계의 민의 기관」, 「견지堅持 군국주의 일본군벌」, 「노동계 정의의 행동」, 「전후의 민심」, 「세계 인도人道의 장래」, 「국제노동운동회의」 등 당시로서는 대단히 진보적인 논설과 해박한 국제문제 특히 일본제국주의에 대한 중국인민들의 각성을 촉구하는 내용이 중심을 이루었다.

박은식의 『사민보』 논설과 「이순신전」은 『전집』에 원문과 함께 번역문을 실었다.

미공개 저서 '단조사고' 발굴

그동안 박은식의 유저遺著로 책이름만 알려진 『단조사고』가 햇빛을 보게 된 것은 박은식 연구는 물론 단군연구와 고대사연구 등 문화사적 의미가 크다는 평가를 받았다. 박은식은 시베리아와 만주, 중국 관내 등에서 망명생활을 하면서 교민들에게 민족독립운동을 고취시키기 위해 역사연구에 심혈을 기울였다.

박은식은 『한국통사』를 써서 일제의 침략과정을 폭로했고 『한국독립운동지혈사』를 저술하여 한민족의 투쟁과정을 서술했다. 이들 저서에 못지않는 『단조사고』는 한민족의 뿌리인 단군과 고대사에 관한 본격적인 연구서이다.

박은식은 망국기에 단군과 고대사연구를 통해 민족적 정체성을 확립하고자 1911년 서간도에서 프린트본으로 이 책을 썼다. 나라를 되찾기 위해서는 역사부터 다시 써야한다는 신념으로 단군과 고대사를 정리한 것이다. 그의 모든 사서史書는 여기에서 기초하고 있다는 평가이다.

『단조사고』는 독립운동가로서 중국 연변에 살던 김정규가 장서 수천 권을 연변대학에 기증한 것을 이른바 문화대혁명 때 홍위병들이 장서를 소각·파손하는 와중에 다행히 이 책은 재난을 면하게 되었다. 김씨의 사후 유족들이 남아 있는 장서를 수습하는 과정에서 이 자료를 찾아 복사본을 '박은식·양기탁 전집 편찬위원회'에 기증하였다.

A4용지 70쪽 분량에 순한문으로 쓰인 책의 첫 장에는 「배달족원류-단군혈통」을 도표로 표시하고, 다음에 단군조선의 강역疆域을 지도로 정리하고 있다. 북쪽으로는 달단해협과 흑룡강, 서쪽으로는 흥안령, 남쪽으로는 한반도가 강역이었음을 표시했다.

상하이 임시정부는 박은식이 사망한 1925년 11월 기관지

『독립신문』의 '백암 특집호'를 발행하면서 박은식의 저술 목록을 상세히 정리하였다. 이 특집에 따르면 「학규신편」, 「왕양명실기」에 이어 세 번째가 『단조사고』이다.

특집은 이어서 『한국통사』, 『안중근전』, 『동명성왕실기』 등 16권의 저서 목록이 보이고 "만근에 대동민족사를 저술하다가 미필하다"라고 부기하였다.

박은식은 『단조사고』 책 머리에서 "단조의 유사遺事가 여러 학자의 책에 번갈아 가며 나오는 것이 자못 많다. 그러나 모두 어지러지고 완전하지 못하여 돈사惇史(역사가 돈후한 덕을 기록한 역사)가 없으니 한탄스럽도다! 이에 널리 고증하고 요약하여 채록하였는데 말이 허망하고 간사한 말은 물리쳤고 사실이 혹 모순되는 것은 분별하여 억지로 한 권의 책을 만들어 이름을 단조사고라 하였으니 과거에 질정하여 징험함이 있다. 그러나 견문이 좁고 소략하여 미래의 어질고 밝은 사람을 기다리니 무릇 우리 동포가 된 자에게 고루 바람이 있노라."고 저술 의도를 밝혔다.

전집편찬위원회는 '단조사고'의 내용과 필체 등을 검토한 결과 박은식의 저서로 확인하고 『전집』에 전문과 한글 번역문을 게재하였다.

애국계몽, 항일구국의 뜻을 담은 글

사마천의 법필法筆 같은 문장가로도 칭예되던 박은식은 1898년 『황성신문』의 주필로 초빙되어 애국계몽의 필봉을 든 이후 그 신문에 이어 『대한매일신보』 등 여러 신문 잡지와 그 밖에 여러 언론 매체에 애국 계몽과 항일구국에 관련된 수많은 글을 발표하였다.

또한 1911년 망명 후 서간도를 시작으로 중국 대륙과 러시아 연해주를 누비며 독립투쟁에 헌신하던 시기에도 쉬지 않고 상하이에서는 『독립신문』, 연해주에서는 『한족공보』를 비롯하여 중국의 『국시일보』 등 각종 신문 잡지에 보다 정열적으로 조국의 역사와 독립투쟁에 관련된 많은 글을 발표하였다.

이와 같이 1925년 그의 말년까지 국내외에서 발표된 각종 글들은 그동안 역사적 격동을 겪는 사이에 산실된 것이 적지 않고, 또한 처음부터 기명이나 필명을 남기지 않고 발표된 것도 적지 않아 현재 모두 수집 정리하기는 어려운 점이 많다.

그런 중에도 해방 후, 1975년 단국대학교에서 『박은식전서』 3권의 간행을 거쳐 2001년 '백암 박은식선생전집편찬위원회'에서 『전집』 6권으로 모아진 박은식의 유문을 합치면 종류도 다양하고 편수도 적지 않아 가위 한국근대를 대표하는 문인·학자로서의 위상을 실증할 수 있다 할 것이다.

어떻든 그의 명저들인 『한국통사』와 『한국독립운동지혈사』 등과 같은 단행본 일부는 앞에서 소개하였기에, 여기서는 그밖에 모아진 글들은 별도로 약술한다. 여러 인물을 논술한 「인물고」를 비롯하여 우리 고사古事에 관한 연재물인 『아동고사我東古事』 그리고 「선언서宣言書」, 「시詩」, 「서·발序·跋」, 「서書」, 「제문·묘갈명祭文·墓碣名」, 「번역飜譯」, 「논설論說」 등으로 편목 분류하여 수록한다.

아울러 같은 편목으로 분류된 글은 편년기준으로 순서를 배열하여 수록하였다. 서로 연관이 있는 유문들을 이렇게 편목하는 것이 무리가 따르는 점도 없지 않지만 현재로선 더 좋은 방안을 찾을 수 없어 채용한 것이다.

인물고人物考를 연재하다

박은식은 『이순신전』이나 『안중근전』 등과 같이 위인의 전기를 단행본으로 간행하였을 뿐 아니라 이미 1906년 『서우』의 주필이 된 후부터 1922년 중국 상하이에서 『사민보』의 주필을 역임할 때까지 일관하여 역사상 중요 인물의 약전을 '인물고' 또는 '학부學府'난을 설치하고 여기에 연재하였다.

그중 현재 이름이나 '백치白痴' 등의 필명을 적은 연재물은

『서우』에 5회에 걸쳐 서술한 신라명장 김유신을 비롯하여 『사민보』에 연재한 유형원과 이동무·이이 등의 약전이 전래된다. 「김유신전」은 김유신이 문무겸비의 무장으로 삼국통일에 헌신한 충신으로서의 위상을 밝힌 것이다.

「고려통유 유형원 약사高麗通儒柳馨遠略史」라고 제한 반계 유형원柳馨遠의 약전은 36권에 달하는 『반계수록磻溪隧錄』 등 그의 실학에 관한 학문적 업적을 거론하였다. 특히 그는 당시 유행하던 성리학 일변도의 조선사회의 학풍 속에서 드물게 보는 성리학과 치국제민의 '경세학'을 쌍수한 대학자로서 칭송하였다.

다음 이동무李東武에 대하여는 「고려 이동무지 사상학설高麗李東武之四象學說」이라 표제한 바와 같이 그의 사상학四象學이라는 학설을 논술하였다. 사상학은 이동무의 '지인지병知人知病'을 실험을 통하여 실증한 독창적 학설이며 소위 '공담리학자空談理學者'의 학설과는 다른 실용적 의학이라고 격찬하였다.

또한 「고려선유 율곡이이 약사高麗先儒栗谷李珥略史」라고 표제한 율곡의 전기에서는 그의 학문적 업적인 「본체론」을 비롯하여 「연기론」, 「질성론」 등을 거론하고 그것이 화담 서경덕과 퇴계 이황의 양인학설을 균가평박均加評駁하면서도 독창적인 학설이라고 논술하였다. 특히 율곡을 중국의 왕양명과 비견되는 학자라고 이색적인 평론을 덧붙였다.

박은식의 「인물고」는 이밖에도 『서우』, 『서북학회월보』에 연재된 『을지문덕전』을 비롯한 25인의 약전들이 전후정황이나 내용으로 보아 그의 저술도 포함되어야 할 것으로 여겨지나 명백히 기명되지 않아 여기에서는 수록하지 않았다.

박은식은 1906년 12월 간행한 『서우』 창간호에 '아동고사'란을 두어 '회원 박은식'이란 기명으로 「삼성사三聖祠」를 기술하였다. 단군이 어천하였다는 황해도 구월산에 위치한 삼성사의 유래와 단군조선의 삼신 중 신인인 환인과 신시 그리고 단군을 제향하는 사실을 단군조선의 역사와 결부시켜 약술하였다. 『서우』와 『서북학회월보西北學會月報』의 「아동고사」는 한국 역사상 중요한 고사를 뽑아 약술하고 있다.

각종 선언서와 서·발문 짓다

'당대제일의 문장'이라 칭송되던 박은식은 1919년 3월 17일 연해주에서 대한국민의회가 주도한 그곳 3·1혁명의 독립선언서인 「선언서」를 지었다. 한문으로 기록되고 한글로도 번역되어 국내외에 배포된 이 「선언서」에서 한민족의 자유와 한국의 독립을 안으로 역사적 배경과 민족적 독립의지에 의거하고 밖으로 새로 일어난 민족자결주의 원칙에 좇아서 선언하는 것이라고 밝혔다.

아울러 한국은 '완전독립', '절대독립'을 즉시 이루어야 하나 이것이 성사되지 못하면 일본과의 영원한 혈전血戰을 선언한다고 천명한 것이다. 국내에서 33인의 명의로 발표된 독립선언서는 최남선이, 일본 유학생의 2·8독립선언서는 일본 유학생 이광수가, 만주의 대한독립선언서는 조소앙에 의하여 기초된 것과 대비하여 참고할 대목이라 할 것이다.

또한 박은식은 이보다 앞선 1917년 7월 상하이에서 발표된 「대동단결의 선언大同團結의 宣言」에도 그 기초자로 알려진 조소앙 등과 같이 발기인 14인 중 1인으로 가담하였다. 박은식이 집필한 또 하나의 「선언서」는 1919년 10월 31일 상하이에서 발표된 것으로 30인 연명 중 모두에 박은식이 기명되었다. 대한민국임시정부를 절대지지하며 3·1혁명에 나타난 온 민족의 독립의지를 계승하여 조국광복을 완수하자는 결의가 포함되었다.

박은식의 현전하는 시는 『황성신문』에 수록된 목면산이라고도 호칭되는 서울 남산을 찾아 풍경을 읊은 「남산지사」를 비롯하여 서간도 망명지에서 지은 「역사가歌」 등 8편에 지나지 않는다. 그중 한 편은 대한매일신보 사장으로 항일구국언론에 공이 큰 영국인 어네스트 베델을 조문하는 애절한 만시이고 또 다른 한 편은 『몽배김태조』와 『천개소문전』에 합철된 「역사가」이다.

이 「역사가」는 박은식이 『몽배금태조』와 『대동고대사론』에서 일관되게 주장한 '대동민족'의 개념과 대동민족의 영토인 넓은 만주벌이 조국을 광복할 독립운동의 새로운 터전으로 인식한 역사관을 짤막한 노래로 승화시킨 작품이라고 할 수 있다.

또한 박은식은 1900년 한성사범학교 교관을 역임할 무렵에 「학규신론」을 저술하여 신교육을 역설하는 한편 실학의 고전인 박지원의 『연암집』을 읽고 그 중요성을 밝히는 발문을 지으며 그의 문장은 중국의 사마천史馬遷의 문장과 비견되는 것이라는 평론을 붙였다. 그후 그가 지은 이런 종류의 것은 그의 스승이기도 한 태천의 성리학자 박문오의 『성암집誠庵集』의 발문을 비롯하여 10편의 서·발류가 전래된다.

그중 3·1혁명 준비의 한 모체가 되었던 상하이의 기관지 『신한청년』의 「창간사」와 미국인 나다니엘 페퍼의 『한국의 진상Truth in Korea』의 국역본 「서문」은 독립을 쟁취하려는 3·1혁명의 이념을 밝힌 글이다.

박은식의 현전하는 간찰인 서書는 망명 전 『대한매일신보』 등에 게재된 일본태극학회에 보내는 공개서를 비롯한 5편과 중국 망명 후 신민회 때의 동지 도산 안창호에게 보내는 「여도산 안창호서」 4통, 북만주 밀산密山에 망명한 한학자 한계 이승희에게 보낸 「강재 선생 족하剛齋先生足下」, 미국의 이승만에게 보내는 「여 우남인형태감與雩南仁兄台鑑」 등 8편에 지나지 않는다.

망명 전인 1910년에 위암 장지연에게 보낸 「여 위암서與韋庵書」는 그의 명저 중의 하나인 『왕양명실기』를 저술하고 장지연에게 서문을 청하는 간찰이다. 그러나 어찌된 셈인지 현전한 『왕양명실기』에는 위암의 서문이 들어 있지 않다. 그러나 이 『왕양명실기』는 간행되었고 그 후 조선총독부에 의하여 금서로 취급되어 발매금지되었다.

이 간찰에서 박은식은 양명학이야말로 근대 서구문물을 수용할 수 있는 정신적 기본학문이라고 역설한 주장을 살필 수 있다.

1913년 전후 상하이에서 국망 직전 미국으로 간 안창호에게 보낸 4통의 간찰은 박은식의 망명 후의 조국독립을 위한 활동 개요와 그런 중에서 쉬지 않고 한국사 관련 저술상황을 밝힐 수 있는 중요 자료가 된다. 한편 한국의 멸망과 중국의 신해혁명 후의 국제정세를 언급한 대목도 한국독립운동의 입장에서 극동정세를 논술한 것이므로 주목되는 내용이다.

특히 1925년 이승만에게 보낸 간찰은 사분오열된 임시정부의 위기를 수습하지 못하고 미국으로 다시 간 이승만에게 임시정부를 중심한 독립운동계의 정국 격변상황을 냉철히 설명하고 자신이 면직된 이승만을 대신하여 이 정국을 담당한 경위와 앞으로의 거취를 담담하게 밝힌 것이다.

충열지사들의 제문·묘갈명祭文·墓碣銘

을사늑약 이후 『대한매일신보』에서 항일구국 논설을 주도하던 박은식은 5조약 폐기와 매국5적 처단을 주장하다 순국한 민영환과 조병세의 충절을 추모하는 제문을 『서우』에 발표, 국민의 위국투쟁을 고취시켰다.

또한 박은식은 3·1혁명 후 상하이에서 신민회 때의 동지 동오 안태국東吾 安泰國 장례에 임하여 그의 생전 애국활동을 기리는 추도문을 지었다. 3·1혁명 후 격렬한 독립운동 선상에서 순국한 무수한 진망장사陣亡將士의 합동 추도식에서도 애절한 명문의 추도문을 지어 바쳤다.

'혈죽기'등 논설로 국민궐기 호소

성리학과 양명학을 쌍수雙修한 저명 역사학자로 알려진 박은식이지만 망명 전 국내에서부터 애국계몽운동을 주도하면서 남달리 근대적 부국강병을 위한 서구문명의 수용을 역설하였다. 그리하여 서구의 역사와 문물 그리고 서구사회의 우수한 제도를 소개하는 양서와 명문을 골라 스스로 역술하고 보급하기도 하였다.

그중 대표적인 것이 중국인 정철관鄭哲貫의 『서사건국지瑞士建國誌』와 양계초의 『학교총론學校總論』 및 『논유학論幼學』의 역술본이다. 전자인 『서사건국지』는 1907년 『대한매일신보』에서 단행본으로 간행하였으나 후자인 「학교총론」과 「논유학」은 『서우』에 연재하는 데 그쳤다. 그밖에도 박은식은 「미국 교육진보의 역사」와 「학교지제 패국론」, 「가정교육의 특질」 등과 같은 번역문을 『서우』 등에 연재하였다.

박은식은 1910년 한일병탄 이전에는 계몽운동가로서 민족언론사와 대한자강회·서우학회 등을 조직 관여함으로써 신문과 기관지를 통해 그의 사상을 일관되게 표출하였다.

계몽사상가 박은식은 망국으로 치닫고 있는 나라를 구할 방법으로 학교를 설립하고 교육을 진흥시키는 것이 일본에게 빼앗기는 국권을 회복할 수 있다는 논지를 일관되게 전개하였다. 이에 덧붙여 나태한 국민성, 정치혼란, 민심이반 등을 지적하면서 이를 비평하는 글도 발표하였다. 그리고 '양육강식' 경쟁시대에 모든 역량의 단결을 촉구한다는 글 등 우리나라의 문명부강과 생활의 개조를 통해 스스로 자립할 수 있는 독립국가를 이루고자 하는 논지를 펼쳤다.

병탄 이전에 애국계몽운동가로서 박은식은 국권회복을 위한 시대인식과 방안을 교육을 통한 일반 대중의 깨우침으로써 펼치고자 하였고 필명으로 겸곡생謙谷生을 사용하기도 하였다. 일제에게 국권을 빼앗긴 후 해외에서 독립운동을 전개한 박은식은 임시정부 기관지 등을 통해 수많은 논설을 썼다.

박은식은 병탄 이후 독립운동가로서 일제의 정보망을 피하기 위해 여러 가지의 필명을 사용하였다. 『독립신문』에서는 백암白巖을, 『사민보』에서는 백치白癡라는 필명을 주로 사용하였다.

특히 『사민보』에 실린 글들은 전집 편찬 과정에서 찾아낸 귀중한 자료로서, 중국 근대사와의 연계성에서 심도 있는 글을 많이 썼다. 제국주의의 폐해를 논하면서 민족자각의 필요성이나 일제에 대한 인식과 전제의 타파를 주장하였다. 인도의 사상가 간디를 통한 신도덕을 구할 방안을 모색하기도 하고 제국주의의 차관문제를 경제침략과 연관하여 논설을 전개하기도 하였다.

외교문제에 있어서도 육해군의 국방력과 민력이 제대로 발현될수록 실력을 양성해야 한다고 주장하였다. 이에 더하여 중국에서 발생되고 있는 도로 및 철도건설문제, 군벌문제, 민중운동 문제, 언론출판의 자유를 통한 여론정치, 재정문제와 세계정치현안 등 그 상황을 중국인민에게 전달하는 방법에서 논설을 전개하였다.

『독립신문』에서는 주로 3·1혁명 이후 우리 국민의 단합을 강조하였고, 우리 나라의 흥망과 관련해서 정부의 중요성을 피력하며 의리·인심·외교·군사·단체 등의 필요성을 주장하였다. 그의 마지막 글인 안공근이 필기한 '유촉'에서는 독립운동에 대해 민족전체의 통일, 광복사업에 적극적으로 실행할 것, 통일적 행동과 단결을 제시하기도 하였다.

박은식의 각종 논설에서 일관되게 살필 수 있는 대목은 교육을 통한 실력양성이라는 점과 단체를 결성하고 이들 단체간 통일된 경제, 교육, 군사준비를 통해 전체 국민이 대동단결하여 잃어버린 국권을 되찾고자 한 점이 가장 큰 특징이라고 볼 수 있다.

「무망흥학務望興學」은 1906년 1월 16~17일 『황성신문』에 실린 글이다.

국운과 국민의 행복과 자유독립에는 학교를 설립하고 교육을 진흥시켜 민지를 발달케 하는데 있음을 강조하고, 국민교육 진흥에 있어 문제점으로 협잡지심, 고루지심 등을 들고 있다.

「대한정신」은 1906년 7월 『서북학회월보』 제3권 제16호에 실린 글이다.

오늘날 국가 권력을 유지하지 못하고 국민의 생명과 재산을 보호하지 못함은 자국정신·대한정신大韓精神이 완전히 공고하지 못한 데서 비롯됨을 지적하고, 대한자강회의의 설립이 국민교육의 진작, 물산의 발달, 자강사상으로 자강실력을 양성하고 특히 국민에게 대한정신을 심어주는 데 있음을 역설한 글이다.

「혈죽기血竹記」는 1906년 7월 17일 『대한매일신보』 1면에 실린 글이며 겸곡생이란 필명을 사용했다.

충무공 민영환의 순국 후 그의 피 묻은 옷과 칼을 놓아둔 방에서 나왔다는 혈죽의 구체적인 모습, 공의 순국 의미, 유서를 간략히 소개한 글이다.

외신·교육·사설 등 다양한 글

「이씨역사李氏歷史」는 1906년 10월 17일 『대한매일신보』 348호에 실린 글이다.

『만세보』가 군부대신 이근택의 정계 30년 역사를 저술하겠다는 항론에 대하여 적극 찬성하는 글로, 기자라는 것은 세계의 이목이어서 시비선악에 극히 엄중 정직해야 하고 세상의 공론을 위하고 후대의 귀감을 보이는 것이 의무이고 책임이라고 쓰고 있다. 이어서 한국 내 각부대신의 역사까지 지으면 더욱 좋을 것이라고 평한 글이다.

「사포규 동포謝佈哇 同胞」는 1906년 11월 『대한자강회월보』
제5호에 실린 글이다.

미령 포규美領佈哇의 동포들이 자강회의 주지를 거론하면서
적극 동참하려 한다는 소식을 접하고 해외동포도 이와 같이 하
고 있으니 국내 동포도 본받기를 역설하고 그들에게 감사하다
는 내용의 글이다.

「사설」은 1906년 12월 『서우』 제1호에 실린 글이다.

서우학회의 설립목적이 단순히 친목도모에 있지 않고, 모
든 청년의 교육을 진작시키고 동포의 지식을 개발하고 여러 단
체를 결합해서 국가의 기초를 수립하는데 있다는 점을 역설하
고, 서우학회의 활동에 힘써 줄 것을 회원과 서우에게 당부한
글이다.

「교육이 불흥이면 생존을 불득」은 1906년 12월 『서우』 제1
호에 실린 글이다.

역사상 민족의 성쇠와 국가의 존망은 지식의 밝고 어두움
과 세력의 강약에서 비롯된다고 보고, 지금은 경쟁시대이니 학
문으로써 우등과 열등 인종이 나누어지게 된다는 것이다. 또한
세력은 지혜에서 나오고 지혜는 학문에서 나오니 학문에 힘써
야 하는데 이를 위해서 우리 동포는 자제교육에 힘써야 한다고
역설한 글이다.

「나타지벌懶惰之罰」은 1906년 12월 『서우西友』 제1호에 실린 글이다.

일하지 않고 나태한 것을 경계한 글이다. 서국西國의 예를 들면서 그 나라에서는 나태한 자를 벌하는데 놀고 먹는 자는 물통 속에 있게 하고 물을 퍼내지 않으면 물이 차 죽게 하는 법이 있다고 한다.

「만보역재후식滿報譯載後識」은 1906년 12월 『대한자강회월보』 제6호에 실린 글이다. 하얼빈 정장군程將軍의 여 공여가 자신의 머리장식과 옷가지 일체를 팔아 여학당의 경비를 대었다는 미담을 들면서. 만주 각지의 동포교육 부재현상 특히 여성교육의 부재를 개탄하고, 모교母敎는 아이들의 제1학교요 여성교육은 국가에 큰 보탬이 됨을 지적한 글이다.

「경고 사우敬告社友」는 1907년 1월 『서우』 제2호에 실린 글이다.

국가와 민족의 공익사업인 사회상사업을 주목하고, 서우가 청년자제의 교육에 힘쓰면 국권회복과 인권신장을 이룰 수 있다는 내용의 글이다.

「구습개량론」은 1907년 1월 『서우』 제2호에 실린 글이다.

우리나라 구습의 폐단 중 가장 현저하다고 여겨지는 유림가·경세가·행정가·잡술가·학구가 등 네 가지를 들고, 이를 고쳐나갈 것을 역설한 글이다.

「단체 성부의 문답團體 成否 問答」은 1907년 2월 『서우』 제3
호에 실린 글이다.

객이 필자에게 오늘날의 경쟁시대에는 단체결합이 중요한
관건이건만 그 희망을 바라볼 수 없다는 물음에 대해 단체결합
의 당연성으로 답한 글이다.

미담 등 국민각성의 글

「기회」는 1907년 3월 『서우』 제4호에 실린 글이다.

외국에서는 현재 한국의 상황이 정치혼란과 인심부패 등이
있다고 볼 수도 있겠으나, 외국 동포 중에는 단결하고 학업에
힘쓰는 등 오히려 외국인들의 찬사를 받고 있다고 하고 우리
동포도 이렇게 안팎으로 하면 우리의 독립권이나 자유의 복을
얻게 될 것이라는 내용의 글이다.

「희비喜悲」는 1907년 3월 『서우』 제4호에 실린 글이다.

일본동경에서 유학하던 학생 21명이 학비조달 부족으로 본
국 송환에 처하자 이에 항거하며 단지동맹하여 청원한 사실을
알리고, 국권을 잃은 후의 국민의 애국심을 촉구하고, 21명 학
생들의 출신지와 나이를 끝에 기록한 글이다.

「청보호재후식淸報護載後識」은 1907년 4월 『서우』 제5호에

실린 글이다.

중국이 신문발행에 있어서 글 모르는 다수의 국민을 위한 백화문白話文이나 강보講報를 통한 저변확대를 알리고, 우리나라에서는 한자보漢字報가 대부분이고 국민보는 제국신문 단 하나 뿐임을 지적하고 이를 확대해야 하나 자금이 부족함을 알리는 글이다.

「축 의무교육 실시」는 1907년 6월 『서우』 제7호에 실린 글이다.

대한자강회에서 의무교육에 관한 헌의안건獻議案件을 실시하려 한다는 소식을 전하면서 이에 관한 민영휘의 소본疏本과 고종의 비지批旨를 기록한 글이다.

「북경보 등재 후식北京報騰載後識」은 1907년 6월 『서우』 제7호에 실린 글이다.

『북경보』에서 보도된 중국정부 각 부내 부설 학당에 관한 글을 접하고, 우리 나라도 정부부터 특설 정법학교를 설립하기를 당국자에게 바라는 글이다.

「평양과 개성의 발달」은 1907년 8월 『서우』 제9호에 실린 글이다.

현재 우리나라에서 인민의 사상 진전과 사회기풍이 날로 개화하고 학교의 발전이 평양과 개성이 기점이 되고 있음을 지적하고, 양쪽이 단점을 극복하고 더욱 발전하기를 기원하는 글이다.

「문약지페는 필상기국文弱之弊 必喪其國」은 1907년 9월『서우』제10호에 실린 글이다.

우리나라의 숭문천무崇文賤武의 폐해에 대해 삼국시대 이래 상무의 전통이 시대가 흐를수록 점차 약해져 갔고 결국은 국세의 허약으로 나타났음을 지적하고, 무력으로 강성해진 일본과 스파르타의 예를 들면서, 우리가 국가의 권력을 회복하고 민족의 생명을 보존하려면 상무적 교육을 실시해야 함을 역설한 글이다.

생존경쟁 시대에 교육의 중요성 역설

「노동동포의 야학」은 1908년 2월『서북학회월보』제15호에 실린 글이다.

급영상汲永商의 서북학회에 대한 야학청원에 대해 온 국민이 이를 본받아 학문에 힘쓸 것과 이렇게 되면 우리의 자유와 우리나라의 자립이 될 수 있다고 역설한 글이다.

「여자보학원 유지 취지서女子普學院 維持 趣旨書」는 1908년 4월『여자지남월보女子指南月報』제1권 제1호에 실린 글이다.

예전의 여자를 비하하고 천시하는 풍조의 잘못됨과 이것이 결국은 자녀나 가정교육에 좋지 못하게 됨을 지적하면서, 지금은 인종경쟁시대이니 여자도 교육을 받아야함과 여자 보학원의 확장과 유지에는 뜻있는 인사들이 단체를 조직해 지원하는 것이 바람직함을 역설한 글이다.

「본교의 측량과測量科」는 1908년 5월 『서북학회월보』 제17호에 실린 글이다.

현재는 생존경쟁의 시대이고 지식과 세력이 있는 자만이 살아남을 수 있다고 지적하고, 세상의 모든 학문이 지식을 늘리고 세력을 키우는데 필요한 것이라고 하고, 본교가 특설한 측량학과는 현재 정부에서 산림법을 실시하는데 국유와 민유의 구별에 있어서 측량이 필요하니 배울 것을 역설한 글이다.

「하 오동문 제우賀吾同門諸友」는 1908년 6월 『서북학회월보』 제1권 제1호에 실린 글이다.

현재 구태의연한 유림파에 대한 우리 사회의 비판에 대해 시무時務의 필요와 신학의 실용實用을 강구하는 것이 필요함을 역설하고, 필자의 예도 소개하면서 서북에서의 박운암·성암朴雲庵·誠庵의 치군택민致君澤民과 수기치인의 학문을 설명하고 그 문하 몇 사람이 신문을 열람하고 학교를 설립한 것에 대해 크게 격려하는 글이다.

「제국신문 찬성 취지서」는 1908년 8월 20일 『대한매일신보』 886호에 실린 글이다.

뎨국(제국)신문

지금 세계는 문명의 정도를 신문의 발달 여부로 판단한다고 하고, 국문으로 발행해 일반 부인사회와 하등사회의 지식을 계발하는데 크게 기여하는 제국신문이 창간 10주년을 맞아 유지하기 어렵게 되자, 이를 유지하는 찬성회를 발기하고 이의 유지 발달에 대한 방침을 사회 여러분에게 바라는 글이다. 끝에 발기인으로 김가진·박은식·유근·김윤오·유동열·정영택·김창제를 적고 있다.

「고 위인 부형자告爲人父兄者」는 1908년 9월 『서북학회월보』 제1권 제4호에 실린 글이다.

부형된 사람으로 자식 교육에 힘써 주기를 간곡히 당부하는 글로, 서북학회가 학회를 조직하고 월보를 간행하고 사범인재를 양성하는 등의 일은 다 부형된 사람의 자제교육을 위함이라고 역설한 글이다.

「축하 대성학교」는 1908년 11월 『서북학회월보』 제1권 제6호 '교육부'에 실린 글이다. 서도西道 각처의 학교는 많으나 학교교육정도가 유치해 우려되었으나 윤치호·이종호·안창호 등이 건립한 대성학교는 규모와 과목을 잘 갖추어 각 학교의 모범이 됨을 칭송한 글이다.

'물질개량론' 등 학생들에게 권려

「물질개량론」은 1909년 1월 『서북학회월보』 제1권 제8호에 실린 글이다.

우리 민족이 생존경쟁 시대에 물산경쟁에서 승리하려면 물품제조 등을 개량해야 한다는 내용의 글이다.

「독 고구려 영락대왕 묘비등본」은 1909년 2월 『서북학회월보』 제1권 제9호에 실린 글이다.

광개토대왕비의 발견 경위와 그 등본謄本을 읽고 난 후의 감회와 대왕의 업적과 고구려 역사, 역사의 소중함을 설파한 글이다.

「고 아학생제군」은 1909년 3월 『서북학회월보』 제1권 제10호에 실린 글이다.

필자의 경력에 빗대어 학생들에게 고하는 글로, 오늘 우리 동포의 상황을 구제할 이는 우리 뇌수중의 신성한 주인으로 우리 학생제군은 이를 얻어 다음 세상의 악을 제거하고 진실한

인격으로 진실한 사업을 이루기를 기대하는 글이다.

「하 이원차호부로賀利原遮湖父老」는 1909년 6월『서북학회월보』제1권 제13호에 실린 글이다.

우리 한민족에게 있어 가장 결핍된 것이 공덕심과 공리심이라 하고, 이원 차호부로의 학교 설립과 유학파견 등의 일과 본회 경비를 위해 송금한 사실을 예로 들면서 이를 본받기를 역설한 글이다.

「고구려 시사高句麗詩史」는 1909년 7월『서북학회월보』제1권 제14호에 실린 글인데 황성자皇城子란 필명을 사용했다. 고구려의 문화 발달이 현저함에도 시로써 남아 있는 것은 유리왕과 을지문덕의 시가 있고, 오언시五言詩로는 을지문덕의 시가 가장 오래고 처음인 줄 알았는데, 위암 장지연이 중국 서적 중에서 찾은 고구려 시대의 대사가의 시를 소개하면서 고구려 문화 발달의 증거가 됨을 제시한 글이다.

「세계 장래의 공중생활과 공중전쟁」은 1909년 8월『서북학회월보』제1권 제15호에 황성자라는 필명을 사용했다. 서양인들의 발전에 있어서 비행기와 비행선과 비행루樓 발명과 실험의 예를 소개하면서, 장래에는 공중 생활과 공중 전쟁이 있겠다면서 국민적 각성을 촉구하는 글이다.

「서도 여행기사西道旅行記事」는 1909년 8월 11일『황성신문』제3148호에 실린 글이다.

7월 25일부터 저자가 신의주를 거쳐 의주·선천 등지의 교육정도를 시찰하기 위한 목적을 띤 여행으로 평양·신의주·철산군·정주군·가산군·신안주 등의 각 학교를 거쳐 돌아온 여행기록이다.

「동양의 도학원류」는 1909년 10월 『서북학회월보』 제1권 제16호에 실린 글이다.

어떤 학문도 천인합일의 도인 도학道學의 본령이 없으면 안 된다는 점을 역설하면서 동양도학의 시초부터 왕양명에 이르기까지 그 대략을 살펴본 글이다.

「공부자 탄진孔夫子誕辰 기념회 강연」은 1909년 11월 『서북학회월보』 제1권 제17호에 실린 글이다.

대동교회 종교무장으로 공자탄진 기념강연회에서 공문孔門의 대동교의 한 책임을 지고 있던 필자가, 이 교의 종지와 학자의 자수공부와 대동교의 발전방법을 피력한 글이다.

간디의 철학사상 소개하기도

「청년제군에게」는 1920년 6월 17일 『독립신문』 제84호에 백암이란 호를 필명으로 하여 발표한 글이다.

1919년 3월의 독립운동에 청년제군의 역할에 감사와 희망을 가지면서도 자칫 이들이 정치와 관료욕에 빠지지 말기를 당부하고 우리나라 퇴계 선생退溪先生이나 러시아 톨스토이 선생 같은 인물이 되기를 기대하는 글이다.

「오족지 진행방법吾族之進行方法」은 1920년 11월 14일 중국의 『진단주보震壇週報』에 실린 글로, 백암이란 호를 필명으로 사용했다. 3·1운동에 이르기까지의 우리 독립운동의 의의를 설명하고, 우리 민족의 독립운동의 진행방법은 2천만 동포가 일치 단결해 외세가 아닌 자력으로 이루어야 하고 이룰 수 있음을 우리의 역사에서 예와 이집트 독립운동 등의 예를 들면서 역설한 글이다.

「민족생존권」은 상하이 『사민보』에 있을 때인 1921년 12월 17일에서 22일까지 '역론譯論'에 실린 글로, 백치라는 필명을 사용했다.

이 글은 『동보東報』에 실린 하전박사河田博士의 「민족생존권」이란 글을 읽고, 이 글이 종전사회의 불합리한 조직, 제국주의의 폐해를 잘 논하고 있어 현재의 군벌가를 깨우치고 새로운 사회의 지향해야 할 바이기에 그 대강을 번역해 싣는다고 하고 있다. 그 대강은 개인생존권과 민족생존권, 강대국의 전횡, 강국 일본, 민족자각의 필요, 일본의 처지와 사명, 전제의 타파로 되어 있다.

「인도 대철 간디씨 역사지감상」은 1921년 12월 29일에서

30일자 『사민보』의 「사설」 난에 실린 글로, 백치라는 필명을 사용했다.

이 글은 일본의 모 잡지에 실린 인도의 대철학자 간디에 관한 글을 읽고, 그 중 진리파지(사티그라하)는 현시대 신도덕의 광명으로 구시대의 암흑을 타파하는 빛으로 장차 세계인류가 전애全愛의 홍복을 입을 것이고, 하늘이 장차 인류를 계도하는 데 제일 먼저 할 것이라 이에 그 감상의 일단을 적은 글이다. 그 감상은 진리의 현력現力, 개인의 능력, 진성의 감화력, 애국의 석의釋義로 되어 있다.

끝에는 이것은 감상을 적은 것에 지나지 않고, 간디 역사의 전말은 원문을 번역해서 학편學篇에 싣는다고 적고 있다.

「오호 중국경락어 보호계급의嗚呼 中國竟落於 保護階級矣」는 1922년 1월 6일 『사민보』에 실린 글로, 백치라는 필명을 사용했다.

워싱턴회의에서 중국에 대한 열강의 공동 관리를 확인하고, 이것은 일본이 한국을 위협해 체결한 조약과 다를 바 없다는 것이고, 미국 상원의원의 말을 인용해 이것은 중국에 대한 사형선고라고 하면서 중국 국민의 각성을 촉구하고 있다. 또한 외교의 승패는 육해군과 국력, 민력에 달려있다고 보고 중국 인민이 분발하고 실력 양성하기를 촉구한 글이다.

「군벌지교쟁민력진전지첩경호軍閥之交爭民力進展之捷徑乎」는

1922년 1월 18일 『사민보』에 실렸다.

일본 『독매보』의 사론 중 장작림 같은 중국 군벌들은 국민이 타도할 수 없고 군벌끼리 서로 다투다보면 서로 무너질 것이고 이것은 중국 민력 진전의 첩경이라는 글을 인용하면서, 그렇지 않고 군벌은 민력 진전에 방해가 된다고 단정하고 있다. 국민이 자각정신으로 마땅한 방법을 찾아 진전시킬 지름길을 개척해야 한다는 것이다. 전국도로건설 등 각종 사업을 국민 스스로의 힘으로 할 것 같으면 군벌은 굴복하고 민력은 신정될 것이라고 역설한 글이다.

「논 산현지 인격시대論山縣之人格時代」는 1922년 2월 4일에 『사민보』에 실렸다.

일본 원로 산현山縣의 죽음에 대한 칭송 일변도의 평가에 대해 세계 인물의 역사는 대부분 시대 관계 속에서 판단됨을 지적하고, 산현의 경우 막부와 (명치)유신 이후의 생애 대략을 소개하고, 그도 젊은 시절의 행적을 예로 들면서 완고하고 어리석은 사람이라고 하면서 이도 오늘날 사회구조가 크게 변한 까닭에 일반 신진이 볼 때는 산현도 시대에 관계된 완고한 인물이라고 평하고 있다.

내외정세 관련 논설

「각원문제여 전단閣員問題與戰端」은 1922년 2월 6일 『사민보』에 실린 글이다.

세계 각국의 정치 특히 정부 각원은 전 공사全公私의 행보에 따라 자처하고 그 거취가 결정된다고 소개하고, 현재 직봉直奉의 내각문제에 전쟁준비의 설이 있음을 들어 이것은 결코 바람직하지 않을 뿐만 아니라, 워싱턴회의에서 각국이 우리를 경계하고 통일하려는 희망이 없음이니 이것은 우방도 간섭할지 모르는 것이라는 주장이다.

중국 국민은 군벌이 다툼을 그치기를 학수고대하고 있는데, 군벌이 병력으로 내각을 간섭하고 내란을 야기하려 하니 법기法紀가 무너지고 인심이 전도되어 개탄스럽다는 글이다.

「국시회의國是會議」는 1922년 2월 8일 『사민보』에 실린 글이다.

국시의 중요성을 말하고 현재 중국은 혼돈시대로 규정하면서 전국 상교연합회에서 제창한 국시회의에서 널리 국인의 의견을 구하자 각 성구省區, 해외단체에서 찬성함을 말하고 현재는 무인정치로 여론정치에 이르지 않았으나, 세계 각국 정쟁의 역사로 보건대는 최후의 승리는 국민에게 돌아감을 지적하고 국민들이 힘써 진행시킨다면 국시회의는 반드시 건실한 결과가 있을 것이라고 평하고 있다.

「세계인도지장래世界人道之將來」는 1922년 2월 11일 『사민보』에 실렸다.

구전歐戰으로 구주문명은 타락하고 아주문명亞洲文明이 대신할 것이라는 말에 대해 평한 글이다.

아주문명은 도덕에 기초해 있고 구주문명은 물질에서 나왔는데, 구주문명은 한계에 달하고 그 전쟁의 폐해가 크다고 하고, 세계인은 평화를 추구하는데, 평화는 도덕의 사업이라는 것이다. 인도에 있어서 간디의 진리사랑, 흑인에 있어서의 잡부액卡夫額의 인권사상 등은 도덕문명 발생의 조짐이니 세계 압박 받는 각 민족은 이를 본받아 평등단계로 나아갈 것이라고 역설한 글이다.

「민중운동시대」는 1922년 2월 12일 『사민보』에 실린 글이다.

현재 전지구 인류의 생활문제와 정치사업에서 민중운동의 힘을 볼 수 있다 전제하고, 대개 국가정치는 전적으로 특수한 유권계급이 하고, 다수의 무권계급의 생활 권리는 정당·군벌의 전제무단으로해서 완전히 향유하지 못해서 무권계급이 유권계급에 대해 상당한 요구가 있게 되어 민중운동이 일어나게 되었다는 것이다.

근래 일본의 보선문제普選問題에서 민중의 활동을 예로 들면서 우리 인민도 정당 군벌하에 어려움을 각성할 것을 촉구하고, 이 같은 민중운동은 시대조류에 따르는 것이니 신국가생활을 조성하는 정당한 운동이라고 역설하고 있다.

「보계연합회報界聯合會」는 1922년 2월 16일 『사민보』에 실린 글이다.

중국 공화약법共和約法에 언론출판의 자유가 있으나 그 탄압이 있는데, 그것은 국가정도가 여론정치와 멀어서가 아니라 인민이 신체 자유를 얻지 못하고 보계 연합회의 결속이 완전 견고하지 못하기 때문으로 보고 있다.

근래 북경 신사회보新社會報에 대한 탄압의 예를 들면서, 보계연합회의 결속을 다져 이러한 탄압에 맞서 대항할 것을 촉구하는 글이다.

「민력추진지 희망民力推進之希望」은 1922년 2월 17일 『사민보』에 실린 글이다. 현재 전지구 인류의 생활문제와 정치사업에서 민중운동의 힘을 볼 수 있다 전제하고, 대개 국가정치는 전적으로 특수한 유권계급이 하고, 다수의 무권계급의 생활 권리는 정당·군벌의 전제무단으로 해서 완전히 향유하지 못해서 무권계급이 유권계급에 대해 상당한 요구가 있게 되어 민중운동이 있게 되었다는 것이다.

근래 일본의 보선문제에 민중의 활동을 예로 들면서 우리 인민도 정당·군벌하에 어려움을 각성할 것을 촉구하고, 이같은 민중운동은 시대조류에 따르는 것이니 신국가생활을 조성하는 상당한 운동이라고 역설하고 있다.

노동계급 향상에 관심 보여

「평화시대지 내쟁平和時代之內爭」은 1922년 2월 19일 『사민보』의 글이다.

이제 세계 각국이 전화戰禍를 깊이 징계하고 평화를 추구해 워싱턴회의에서 군비제한이 의결 실행되고, 중국에 대해서는 재병안裁兵案이 결정되어 중국 국민과 세계 민족이 거의 평화를 누리게 되었다고 보았다. 그러나 중국 국내에는 군벌간 내쟁內爭이 그치지 않고 오히려 병력을 증가시키고 있으니, 이것은 국민의 희생과 세계 평화의 공적이 되고 국가를 위태롭게 하는 것임을 군벌들은 깨달아야 함을 역설한 글이다.

「내쟁여외모內爭與外侮」는 1922년 2월 26일 『사민보』의 글이다.

지금 중국의 내쟁內爭은 국제4국의 공동관리란 소리가 들끓게 하고 이로서가 아니면 이 내란을 평정할 수 없다는 소리까지 있다. 내쟁內爭은 나라에 전혀 보탬이 되지 않고 누구의 강약이나 승패는 논할 필요도 없이 이들은 다 국민의 적이고 세계평화의 공적이다. 그러므로 우리 국민은 크게 분발하고 대단결된 힘으로 난의 근원을 뿌리뽑고 자구自救의 결과를 얻기를 바란다는 내용의 글이다.

「3·1절 기념사」는 1922년 3월 1일 『독립신문』에 실린 글로, 백암이란 호를 필명으로 사용했다. 3·1독립운동을 계속 이어 나가려면 3·1독립운동과 같이 전체의 일치단결된 행동이 필요함을 역설한 글이다.

「노동계급의 향상진전向上進展」은 1922년 3월 7일 『사민보』에 실린 글이다.

현대 개조된 신조류 중의 하나가 노동계의 향상 진전인데, 러시아의 노동정치는 전 세계에 큰 영향을 주고 있고, 기타 각국의 노동자의 파업 풍조에는 임금 문제만이 아니라 정치의미까지 담고 있는 경우가 많다. 근래 일본의 보선안 부결에도 불구하고 민중이 다시 일어나고 있고, 우리 나라 노동사회도 번창하여 그 앞길에 진전이 있을 것이라는 글이다.

「평화통일의 희망」은 1922년 3월 16일 『사민보』에 실린 글이다.

북경정부는 원래 민의나 법률상 기초 위에서 세워진 정부가 아니고 한 두 군벌가의 정략에 의해 된 데다가 지금 군벌은 정부에 불만이고 조각문제에도 무관심해 거의 있으나 마나한 상태가 되었다. 그러므로 무력에 의하지 않고도 통일이 될 수 있을지 모르고 이렇게 되면 다른 세력도 통일이 될 것인데, 이렇게 되면 평화통일이라 할 수 있을 것이라는 바람을 적은 글이다.

「동아전국론東俄戰局論」은 1922년 3월 19일 『사민보』에 실린 글이다.

최근 동아(러시아)의 신구당 전사를 소개하고 우수리강 일대에서의 일전이 최후 승부의 해결점이 될 것이라고 보고 있다.

필자가 일찍이 시베리아를 돌아볼 때, 혁명의 전사가 있었고, 신구당의 전황을 보고서 장래 이들의 충돌은 세계혁명사에 피할 수 없는 일이라 생각했었고, 그 평민주의와 구당의 전재는 서로 용납될 수 없다고 보았다. 신당이 힘이 없어 외원을 하면 그 외원은 매국조약으로 할 것인데 그것은 결국 패세에 빠지는 것임을 지적하고 경계한 글이다.

중·일군벌에 비판적인 논설

「장강지 쟁점長江之爭點」은 1922년 4월 9일 『사민보』의 글이다.

장강 유역은 예로부터 군사상 반드시 다투는 지역이고 이곳에 위치하면 수륙으로 나가기 편리하고 대국적인 통일도 도

모할 수 있는 중요한 곳임을 지적하고, 봉장奉張은 야심을 갖고 장강에 진출하려하고 장강에 있는 낙오洛吳와 무력으로 통일하려 일본 낭인의 계책을 받아들여 일본의 원조를 받으려하고 요새지 지도가 입수되는 등으로 보아 장강지역을 쟁점하려는 것이 분명하다고 지적한 글이다.

「세계경제 추세」는 1922년 4월 15일 『사민보』에 실렸다.

지금 세계 각국은 경제를 추구하고 있다고 전제하고 대전 후 경제회복을 위해 노력하고 있는데 워싱턴 9국 회의에서 10년간 평화보장 및 군축조약과 일본과 같이 제국주의를 주장하는 나라도 경제방침에 따를뿐더러 러시아의 노농정치는 열강이 반기지 않지만 물산이 풍부해 어쩔 수 없이 손을 잡고, 러시아 또한 신경제정책(네프)을 발표하는 등 전 세계가 경제사업을 추구하고 있다.

그러나 중국은 세계의 대시장임에도 불구하고 내란으로 각계 상업이 정체되어, 내란을 그치고 경제방면에 힘쓸 것을 권하고 있는 데도 이같은 평화조류에 따르지 않고 경제발전도 도모하지 않고 오히려 내쟁을 일삼고 남북으로 전운이 감돌고 국민 생계가 어려워지는 등 세계 추세에 거슬리고 있음을 지적한 글이다.

「급성여 만성急性與慢性」은 1922년 4월 15일 『사민보』의 글이다.

세계혁명사를 보면 급성과 만성이 있는데 급성의 예를 불란서로, 격렬하고 참혹한 상황이 있었으나 국세 정돈이 조속히 이루어졌고, 멕시코의 혁명은 만성으로 그 쟁란이 연이어 3백 년에 이르렀다. 최근 러시아혁명도 급성으로 그 반대자를 참혹하게 탄압하고 그 승자는 지위를 강고히 하고 국세를 정돈하고 있다.

우리나라 사람은 극단적인 성질이 없고 혁명도 극렬한 수단을 쓰지 않고 반대자에 대해 너그러우나 이를 이용해 다시 난을 일으키는 예도 있다. 그러니 참혹함이 없이 국세를 정돈하는 것은 국민이 바라는 바니, 급히 일어나 맹렬히 쫓아 일치협력하는 데 있다고 지적하고 있다.

「견지 군국주의자지 군벌堅持軍國主義者之軍閥」은 1922년 4월 19일 『사민보』의 글이다.

이제 세계여론은 전화를 없애고 평화보장을 주장하고 있어 군국주의는 일종의 죄악시 하고 있고 일본도 근래 워싱턴회의에서 일찍이 중국에 대한 야심정책의 포기를 각국에 성명했었다. 그러나 영보英報가 논한 것을 보면 최근 일본 원수회의元帥會議에서 나온 신해군정책을 보면, 일본군벌이 중국에 대하여 군국주의를 견지하고 있으며 또 일병日兵이 오래도록 시베리아에 주둔하며 러시아 정국을 간섭하는 등 러시아에 대해 군국주의를 실행하고 있어 각국이 의심하고, 일본 여론이 반대함에도 불구하고 자행하니 그 군벌은 세계 평화의 공적이라고 비평한 글이다.

「군벌세계지 민의기관軍閥世界之 民意機關」은 1922년 4월 21일 『사민보』에 실렸다.

지금 봉장奉張이 파병해 입궐하고 구 국회를 회복한다고 구호를 외치고 있고 이에 대해 낙오는 봉장이 주장하는 민의기관은 군벌의 의사를 대표하는 것이라고 맞서고 있다고 전하고, 이런 민의기관은 군벌에 의해 마음대로 되므로 소용이 없으니 중국 국민은 자각정신을 가지고 결정기관으로 군벌의 명을 듣는 것은 부당하고 중국 국민 전체에게 맡겨야 한다고 역설한 글이다.

중국 인민사상계도의 지침

「노동계 정의행동」은 1922년 5월 5일 『사민보』의 글이다.

런던 전보, 5·1노동기념절이 매덕공원梅德公園에서 있었고 통과된 의안이 대표를 파견해 일 정당에 시베리아 일군日軍 소환이 있고 만족할만한 답신이 있을 때까지 매일 밤 일 사서日使署에서 시위행동 한다는 것에 대해 이것은 노동계급이 정의행동을 실현하는 것으로 보고, 일군日軍의 시베리아 파병문제는 워싱턴회의나 대련 회의에서 이 문제가 거론되었고, 이제 영국 노동사회에서 일인에 대해 시베리아 철병문제를 요구한 정의로운 행동이 있으니 중국의 노동 동포도 이 일을 보고 감흥이 있을 것이라고 역설한 글이다.

「국민사상의 진보」는 1922년 5월 16일 『사민보』에 실린 글이다.

중국 국민이 예전의 제정시대나 군벌전제시대에는 인민의 참정권이나 감독권이 유명무실하여 빈약했고 국제 지위도 구주소국의 대열에도 끼지 못했었다. 그러나 5·4운동은 중국 국민의 자각의 첫걸음이고 워싱턴회의에 사절파견이나 러시아 재난 구호, 재정공개요구, 국민개병대회 발기 등은 다 그 사상의 진보를 증명하는 것이니 중국 인민이 이렇게 나가면 세상의 흥망 책임을 지지 못할 것이 없고 나라가 융성하리라고 역설한 글이다.

「연훈지 일경延琿之日警」은 1922년 8월 6일 『사민보』에 실린 글이다.

일인이 일본교민을 동성의 비적으로부터 보호한다는 구실로 연훈延琿에 수백 명의 경찰을 파견한 것은 중국이 주권을 잃은 것이며, 또한 근래 동성이 중앙에서 이탈해 독립하려 하고 그 주권이 왜인에 점령당해도 근심하지 않으니 이상하다고 지적한 글이다.

「국제노동회의」는 1922년 8월 15일 『사민보』에 실린 글이다.

10월 18일 제4회 국제노동회의가 서서瑞西의 일日 약와에서 열리고 각국 정부는 노동자와 자본가 대표를 파견한다고 한 뒤, 세계문화의 정도는 날로 대동으로 나아가고, 노동계급사상은 넓게는 러시아의 노농주의같이 되고, 많은 각 민족이 모두 자주로 그 대소강약관을 없애고, 영국의 노동사회와 같이 정부의 공격을 방지하고, 러시아는 또 일본에 대해 시베리아 주둔병력의 철회를 요구하니 그 범위 역량이 한 국가 민족에 국한되지 않고 세계주의로 그 해야할 의무를 하고 세계 인류 사상이 거의 대동의 세상에 가깝다고 하겠는데, 근래 일본 전력공사는 한인 노동자를 마구 학살하는 만행을 저질렀으니 나는 국제노동회의에 대해 더욱 이상한 감상이 있다고 평하고 있다.

「시베리아 국면에 대하야 우리 한족동포에 고함」은 1922년 11월 8일 『독립신문』 145호에 실린 글이다.

시베리아에 일본이 진출했다가 철군한 사실과 관련하여 러시아의 정황을 설명하고, 그 지역 동포를 통한 경제·교육·군사 준비 등에 있어 우리가 단체결합을 통해 나아간다면 우리나라가 부활할 희망이 있음을 역설한 글이다.

일제의 광화문 훼각 비판

「3월 1일三月一日」은 1923년 3월 1일 『독립신문』 156호에 실린 글이다.

우리가 나라를 잃은 최대 원인은 정계의 당쟁과 지방의 차별로 단결된 정신과 합작된 사업이 결핍되어 인심이 부패하고 국력이 허약한 데서 비롯된다고 보고 대동단결로 일치 합작해야 함을 지적하고, 임시정부 내에서 국민대표회가 대동단결로 일치행동해 줄 것을 역설한 글이다.

「적이 광화문을 훼각한다」는 1923년 3월 7일 『독립신문』 157호에 실린 글이다.

일본의 서울 광화문 훼각의 졸렬함을 극력 비판하며, 우리는 반만년 역사의 정신으로 민족 자결주의를 근거로 하여 독립을 이루는 날에는 일본의 총독부와 기타 건물도 우리 손으로 일체 타격하는 날이 있을 것이라 하고 일본의 어리석고 졸렬한 처사를 비판한 글이다.

「우리도 중국 각계의 운동과 일치로 하자」는 1923년 3월 14일 『독립신문』 158호에 실린 글이다.

근래 중국 각계가 일본의 화물배척과 교통단절을 발표하여 일본에 대항하려 하니, 우리도 금연단주동맹이나 국신장려회와 같이 중국과 동일한 행동을 해야함을 역설한 글이다.

「혁명 후 12년간의 중국-중국에 대한 관찰-」은 1923년 9월 1일 국내의 『개벽』 제39호에 실렸다.

필자가 중국에 있은 지 10여 년간 중국에 대한 관찰을 민족의 성질, 문화의 정도, 경제의 능력, 대국大局의 현상, 당파와 지반, 통일과 연성의 문제 등으로 나누어 기술한 글이다.

「정부에 대한 이의의 변역」은 1925년 2월 21일 『독립신문』에 실린 글이다.

우리의 임시정부가 민족의 희망과 타인의 이목과 독립의 진행에 중대한 관계가 있음을 지적하고, 정부에 대해 이의를 다는 종류를 ①정부의 명의, ②정부의 위치, ③정부의 인물여하와 성적여하로 들면서 변론한 글이다.[1]

놓치기 아까운 명문

박은식의 글은 읽지 않고 넘어가기에 너무도 아까운 것이 많다. 여기서는 그 가운데 몇 편을 골랐다. 위에서 약술한 몇몇의 글도 포함하였다.

시문 중에서는 「역사가歷史歌」, 논설에서는 3·1혁명 4주년을 맞아 쓴 「3월 1일」, 서한문 중에서는 도산 안창호에게 쓴 편지, 자신의 글 중에서는 1919년 독립지사 30인 명의로 집필한

「선언서」이다. 차례로 소개한다.

역사가歷史歌

어화 우리 청년들아

북부여의 단군조선

신조유택神祖遺澤 무궁하야

혼홍일대混紅一帶 도도하니

고구려를 건설하니

환도고성 차자 보니

남정북벌 소향처所向處에

진세영웅 개소문은

용천부龍泉府를 돌아보니

40만 중 일호령에

우리 동족 금태조金太祖

2천5백 정병으로

우리 오날 건너온 일

아무쪼록 정신차려

고국산천 이 땅이라

2천여 년 형국亨國일세

만세만세 억만세라

동명성왕 북래北來하야

294

호시虎視천하 굉장하다

광개토왕 비문이라

동양대륙 진동한데

산해관의 고묘古墓로다

발해태조 사업일세

해동성국 일어났네

백두산에 터를 닦아

횡횡천하 족족한 데

상제 명령 아니신가

조상역사 계술하네.[2]

3월 1일

오호라, 자 3월 1일은 우리 대한민족의 누淚로 화하고 혈血로 화한 독립선언 일이 아닌가.

우리의 반만년 역사적 정신이 차일此日로서 부활하였다 할 지며 우리 2천만 민중의 자유적 전쟁이 차일로부터 개시하였다 할지며 세계 각족이 우리를 대하야 민족적 독립적 운동이라함도 차일에 선양되었도다.

그런 즉 차일은 오족 만세역사의 기념일이오 또한 세계 민족자결주의의 기념일이라 할지로다. 오호라 우리가 독립을 선언할 시에 차일로부터 우리는 독립국가가 된다. 자유민족이 된다. 최후 일각과 최후 일인으로 결정한다 하지 아니하였는가.

그럼으로 우리가 독립혈전을 계속하여 목적지에 도달치 못하면 휴식치 않기로 금일까지 분투를 불기不已하였도다. 그런 즉 우리의 목적지를 도달하자면 무슨 방법이 가장 기묘한가. 우리 전체 민족이 대동단결로 일치 행동할 외에는 타책이 편무하도다.

폐일언 하고 우리가 독립하면 생生하고 독립 못하면 사死할 것이오 합하면 독립을 얻고 합치 못하면 독립은 절망되는 것이니 우리 형제자매는 차점此點에 대하야 맹성하고 노력할지어라.[3]

도산 안창호 선생에게

얼마 전 편지 한 통을 이우李友에게 부쳐주셨는데, 다시 미진함이 있어 이에 우러러 읽어보고 마땅히 이와 함께 아울러 살폈습니다. 생각해보면 우리들의 앞길에는 오직 중화대륙이 있어 활동방면이 되지만 현재 중국이 무력하기 때문에 우리들이 여기에 실망이 많고 이따금 구미로 달려가는 자가 있습니다. 그러나 깊은 식견과 밝은 견해가 아닙니다.

대개 사람과 나라의 사이에는 서로 당겨주고 도와주는

관계가 있는 것이 아니라는 것은 반드시 그럴 이치가 없습니다. 사방을 돌아봄에 우리와 깊이 절실한 나라는 오직 이 중국일 뿐입니다. 또 현재 중국은 곤란에 임박해 있기 때문에 우리들이 쉽게 동정을 얻을 수 있습니다. 만약 발달하여 힘이 있는 날에는 혹 교만한 마음과 야심野心이 생기게 될 것인데 유랑하여 떠다니는 우리의 상황으로 어찌 동정을 얻을 수 있겠습니까.

그러므로 이 때에 우리들이 이 나라를 위하여 정성을 다하는 것이 실로 가장 좋은 기회인데 비통하게도 저 잡류는 종종 창피한 행위를 드러내니 북경에 있는 자가 더욱 심합니다. 김달하金達河·한영복韓永福 및 아무 아무 는 생각하면 뼈가 서늘하니 다시 무슨 말을 하겠습니까. 다만 이 보지기관報紙機關은 의사를 발표할 수 있는데 재정방침이 대부분 요량하는 바와 어긋나고 기초가 서지 않아 바야흐로 애가 타는 중에 있습니다.

그러나 머지않아 계산이 있을 것 같은데 이것이 만약 완전히 성취되면 인형仁兄 형제가 이곳에 와서 함께 머무시는 것이 좋을 것 같습니다. 마땅히 기회에 따라 다시 편지를 보내주시되 차지借地는 아직 자세하지 않으니 답을 주시기를 바랍니다.

제가 이곳에 온 이후로 민당民黨 여러 사람과 더불어 하여 대부분 동정을 얻어 인재를 양성하였고 동성東省과 함께 식산殖産을 하여 많이 경영함이 있습니다. 해당 당(민당)이 실패한 이후로 이 일은 또한 물에 뜬 꽃으로 돌아갔으니 이 것은 곧 우리 민족의 여액餘厄이 다하지 않은 것입니까. 다만 희망하는 것은 원袁이 우리를 대함에 일찍이 관계가 있거늘 하물며 그 나라에 대하여는 특절特絶한 깊은 유감이 있는 데 있어서이겠습니까.

현재는 힘이 없기 때문에 아픔을 머금고 지나가 버리지만 어찌 하루라도 잊겠습니까. 그러므로 그 나라가 원袁을 배척하고자하는 계획이 거듭 생겨 마지않는 데 지혜가 원袁에 미치지 못하니 저들 또한 어떠하겠습니까.

현재 중국으로 말하면 재력과 무력이 모두 결핍되었고 속성速成으로 말하면 5, 6년을 거치지 않으면 아마 얻을 수 없습니다. 우리들이 이때에 미쳐 기도하여 그 기초를 수립하는 것이 또한 가하지 않겠습니까. 오직 고명高明(상대방에 대한 존칭)께서는 이를 헤아리시어 처리하시는 것이 어떠하겠습니까.

1월 12일 겸곡謙谷 생生은 또 아룁니다.[4]

선언서

3월 1일에 아 대한의 독립을 선언함으로부터 2천만 민족은 심과 성을 합하여 거짓없는 우리의 의사를 세계에 선명하되 엄정한 질서와 평화로운 수단으로써 하였도다.

이래 8개월을 열閱 할새 일본은 귀중한 우리 민족의 의사를 무시하고 신성한 우리 민족의 운동을 폭동이라 무誣하며 군경을 남용하야 우리 민족의 지도자·지사와 자유를 규호하는 우리 형제를 능욕하고 구타하고 학살하야 마침내 2만여의 사상자와 6만여의 투옥자를 출出함에 지至하였도다.

평화로운 우리의 촌읍이 초퇴하고 학살된 자 기하며 사랑하는 우리의 처녀妻女의 능욕된 자 기하뇨. 실로 우리는 학살되고 능욕된 자의 형兄이요 제弟요 부父요 자子며 부夫요 처妻로다.

우리의 원한이 이미 골수에 철하였고 우리의 증오와 비분이 이미 흉을 파하려 하는 것은 우리는 3월 1일의 초지를 중히 하고 인도와 정의를 위하여 한번 더 은인하고 한번 더 평화로운 만세 소리로 우리 대한민국의 독립국이요 우리 대한국민의 자유민임을 일본과 및 세계만국의 전前에 선언하노라.

대한민국 원년 3월 1일에 이미 우리 민족의 자유민임을 선언하고 인하야 금년 4월 10일에 임시의정원과 임시국무원이 성립되니 이에 우리 민족은 우리 민족의 일치화협한 의사와 희망에서 흔한 대한민국의 국민이 된지라. 일본이 아직 무력으로써 우리 3천리 민국토를 점령하였거니와 이는 벨기에의 국토가 일찍 독일의 무력하에 점령되었음과 같은지라.

우리 민족은 대한민국의 국민이요 민족을 통치하는 자는 대한민국의 임시정부니 우리 민족은 영원히 다시 일본지배를 수受치 아니할지라. 일본이 무력으로 우리 민족을 포로로 함은 가능하려니와 일각이라도 우리 민족을 일본의 식민으로 하지 못할지며 따라서 우리 민족은 지금토록 강제로 당하여 모든 일본국가에 대한 모든 의무를 폐기하고 일본정부에게 대하야 조선총독부와 거기 소속된 모든 관청과 및 육해군을 철거하고 아 대한민국의 완전된 독립을 확인하기를 요구하노라.

일본이 근래에 다소 자가의 비非를 회오하야 조선통치의 개혁을 운운하나 차는 우리 민족이 상관할 바 아니라, 우리 민족의 요구는 1이오 오직 1이니 즉 완전코 절대한 독립이 유할뿐이라.

만일 일본이 여전히 한일 양민족의 구원한 이익과 세계 인류의 자유와 평화를 무시하고 아 대한민국의 영토의 점유를 계속할진대 우리 민족에게는 오직 최후의 혈전이 유할 뿐이니 3월 1일의 공약의 제3조를 존하야 최후의 일인까지 전戰함을 불사할지며 아울러 차는 자유와 생명의 전쟁이매 최후의 목적을 위하야 난 수단과 방법을 택하지 아니하기를 자에 성명하노라.

공약3장

一. 질서를 엄수하야 난폭한 행동이 무할 것.

一. 부득이 자위의 행동에 출하더라도 부인·소아 및 노병자에게는 절대로 해를 가치말 것.

一. 전국민 일치로 독립의 요구를 강하게 표하되 최후의 1인까지 할 것.

대한민국 원년 10월 31일

민족대표 박은식 외 29인(인명 생략)[5]

국혼을 강조한 백암 박은식

역사 왜곡은 또 다른
국혼의 상실을 부른다

우리 민족은 오랜 고난의 역사를 살아오면서 거듭되는 외세의 침략에 맞서 항상 민족정체성을 지켜왔다. '외세의 침략'은 군사·정치·경제·문화·종교 등 다양한 분야에 걸쳐 나타났지만 외압에 시달리면서도 결코 동화되는 것을 거부하였다. 우리 주변의 강자이던 말갈·여진·만주·몽골족 등의 행방을 살펴보면 한민족이 얼마나 강인하게 민족적 정체성을 지켜왔는가를 가늠하게 된다.

우리는 고대부족국가 형성시기에 중국 한나라의 침략으로

국토심장부에 낙랑군의 간섭을 받은 것을 시작으로 하여 고려시대 40년의 몽골元 지배, 조선조 전기 250여 년의 명나라 간섭, 병자호란 이후 260여 년의 청국 복속, 일제 35년 식민지배, 미군정 3년 등 가혹한 외세의 침탈과 지배를 받으면서도 민족의 정체성을 지켜왔다. 백암이 지적한 바로 '국혼'의 정신이다.

16세기 일본이 임진왜란의 전후처리 협상과정에서 명나라에 조선을 양분하여 남반부를 일본에 넘기라는 제의를 한 이래 주변 열강은 틈만 나면 한반도를 독점적으로 지배하거나 분할 지배 그것도 여의치 않으면 중립화를 제기했다.

1882년 일본과 청국이 조선에서 패권을 경쟁할 때 일본이 미·영·불·독 4개국 협정을 통한 한반도 중립화론을 제기한 것이나, 일본이 청국과 전쟁(청·일전쟁)을 하면서 조선중립화를 제의한 것은 모두 전통적인 한·청 관계를 끊고 일본의 지배권을 강화하려는 술책이었다.

이와 같은 한반도에 대한 주변 강대국들의 이해관계는 치열하여 일본은 한반도를 '일본의 심장부를 노리는 비수'로, 중국은 '중국의 머리를 치려는 망치'로, 러시아는 '자국의 팽창에 분리될 수 없는 행동반경'으로, 미국은 '극동의 전진기지'로 각각 인식하면서 지배와 분할 또는 영향력의 극대화를 노려왔다. 이같은 대륙세력과 해양세력의 대치는 계속되고, 지금 극한점에 이르고 있다.

　세계사적으로도 우리 민족만큼 빈번한 외세침략을 겪고, 이를 극복하면서 민족국가를 꿋꿋이 지켜온 나라도 흔치 않을 것이다. 폴란드, 베트남, 아프가니스탄 등을 꼽을 뿐이다. 타이완 정치대학 주혜민朱惠民 교수는 "1,000년을 넘어 이민족의 영향하에서도 민족을 온전히 보전한 집단은 한국뿐이다. 그것은 한민족의 문화적 우수성과 그 문화를 바탕으로 하는 강한 동질성에 기인한다"고 분석한 바 있다.

　세계의 민족분포를 종족·지리·경제 집단개념으로 분류하면 590개 정도이고, 이를 다시 언어학·민속학적으로 크게 나누면 80개 정도인데, 이중 반만년의 역사를 가진 민족(종족)은 16개 정도에 불과하다. 이 16개 민족이 역사적으로나 현재적으로 세계를 이끌어온 중심 국가의 역할을 하여 왔다. 오랜 세계사적인 흥망성쇠의 과정에서 이들 민족(국가)들의 문명과 역량이 세계사의 중심 부문을 구성하고 역할을 하고 있음을 알 수 있다. 그런데 지금 한민족은 큰 위기에 봉착하고 있다. 백암의 '국혼사상'이 중요한 까닭이다.

　한민족이 강대한 외세에 대항하면서 민족국가를 지켜온 데는 연면한 민족정신이 국민 통합의 역할을 해왔음을 알 수 있다. 이를 두고 고대 이래 일제강점기까지, 민족사학계에서는 고구려 망국 후 고토 회복정신인 '다물多勿', 박은식의 '국혼國

魂', 신채호의 '낭가사상郎家思想', 문일평의 '조선심朝鮮心', 정인보의 '조선의 얼', 함석헌의 '씨올'이라 표현하지만 의미하는 바는 모두 비슷한 우리 민족 고유한 민족정신을 일컫는다.

어느 나라를 막론하고 고유한 사상과 전통은 있기 마련이다. 영국의 신사도, 미국의 청도교사상, 프랑스의 국가이성, 독일의 융커정신, 일본의 야마토정신, 중국의 중화사상, 이스라엘의 시오니즘 등이 대표적이다.

독립운동가이며 역사학자, 언론인, 저술가인 백암 박은식 선생은 일제 식민지 시절 망명지에서 쓴 『한국통사』에서 국혼만 살아있으면 나라는 반드시 독립을 할 수 있다면서 다음과 같이 주장했다.

국교·국학·국어·국문·국사는 국혼에 속하는 것이요, 전곡·군대·성지·함선·기계 등은 국백國魄에 속하는 것으로 국혼의 됨됨은 국백에 따라서 죽고 사는 것이 아니다. 그러므로 국교와 국사가 망하지 아니하면 국혼은 살아 있으므로 그 나라는 망하지 않는다.

역시 독립운동가이자 역사가인 창강 김택영은 중국 망명 시절에 우리 역사를 저술하면서 "세상에 역사가 사망한 것처럼 슬픈 것은 없고 나라 망한 것은 그 다음이다哀莫大於史亡 國

亡次之."라고 하였다. 독립운동 지도자들이 망명길의 고달픈 역경에서도 그토록 국사연구에 집념하고 많은 사서를 남겼던 이유를 알 만하다.

독립운동가들은 망명지에서 풍찬노숙을 마다하지 않으면서 학교를 세우고 역사책을 펴내고 교포들에게 민족사를 가르쳤다. 백암과 단재 말고도 장도빈·김교헌·계봉우·이시영 등 수없이 많았다. 이들의 역사연구는 곧 우리의 '국혼'을 찾고 지키려는 애국정신이었다.

덧붙이거니와 한국 근대사를 최초로 체계화한 대표적인 저작 『한국통사』와 『한국독립운동지혈사』를 쓴 백암 선생의 사혼史魂이 지금 역사를 왜곡하는 사이비 학자들에 일침一針이 되었으면 하는 바람이다.

역사의 필주筆誅 두렵지 않나

박근혜 정부가 역사를 왜곡하려다 탄핵되었다. 1948년 대한민국 정부수립을 '대한민국 수립'으로 바꾸려는 작업이었다. '건국절'이 국민적 저항을 받자 꼼수를 부린 것이다. 대한민국 건국이나 대한민국 수립은 뜻이 다르지 않다.

박근혜 정부의 교육부가 역사부도 교과서를 제작한 실무진에게 2017년에 배포될 수정자료에서 '건국절 사관'을 강요한 데 이어 자체 홈페이지에 '1948년 대한민국 수립'을 못 박았다. 다행히 정권이 바뀌면서 국정교과서는 폐기되었지만, 역사왜곡 세력은 잠복한 상태이어서 안심하기는 아직 이르다고 하겠다.

'48년 건국'의 부당성은 익히 밝혀졌다. 다섯 가지만 지적하면 첫째 대한민국 임시정부의 법통 승계를 명시한 헌법전문과 '한반도와 그 부속도서'를 규정한 영토조항을 위배한다. 둘째 1910년 국치 이래의 독립운동(가)은 소멸되고 매국노·친일파에 면죄부를 주게 된다. 셋째 일본에 문화재 반환 등 미청산 과제 해결을 요구할 역사적 자격을 상실하게 된다. 넷째 한 국가에 개천절과 건국절로 두 개의 개국일이 생기게 되며, 다섯째 남북통일의 역사적·법적 자격을 스스로 포기하게 되는 등의 문제가 있다.

여기서 '48년 대한민국수립'을 주장하고 국정으로 교과서를 바꾸고 집필하는 정부책임자와 행정관료·학자·교사들에게 전한다. 사마천에 버금가는 사학자 유지기劉知幾는 다음과 같이 말했다.

역사의 용도는 공적을 기록하고 과실을 드러내고 선을 밝히고 악을 미워하며 일조一朝의 득실과 오랜 세월의 영욕을 바르게 기록하는 것이다. 만일 적신·역자·부군의 군주가 있어 이를 직서하여 허물을 가리지 않으면 그 잘못이 반드시 드러나고 악명이 천추에 나타난다.

근대 역사학의 선구자라 불리는 폰 랑케도 다음과 같은 말을 남겼다.

이념이나 신념, 철학이나 정파, 편견으로 역사를 보지 말고 정확한 사료를 토대로 과거의 사실, 그 자체가 진실로 어떠했는지를 밝히는 것이 역사가의 임무다.

조선조의 역사가 안정복은 역사가의 주요원칙으로 첫째 계통을 밝힐 것, 둘째 찬탈자와 반역자를 엄하게 평가할 것, 셋째 시비곡직을 공정하게 기록할 것, 넷째 충절을 높이 평가할 것, 다섯째 법제를 상세히 살필 것을 지적한다.

역사의 아버지라 불리는 헤로도토스가 처음 사용한 역사의 그리스어 히스토리아Historia의 의미는 '진실을 찾아내는 일'이란 뜻이다. 적어도 역사를 공부하고 교과서를 쓰는 사람은 권력의 풍각쟁이가 되어 역사를 왜곡해서는 안 된다. "역사를 기술하는 일이란 지적 해방을 위해 세기를 넘어 지속되고 있는 전쟁에서 전투를 하는 것과 같아야 한다."라고 한 볼테르의 말을 떠올려볼 필요가 있다.

백암은 "나라는 망해도 역사만 지키면 반드시 부흥한다"고 했고, 단재는 "사필史筆이 강해야 민족이 강하고 사필이 용해야 민족이 용감하다"고 썼다. 우리가 일제식민지 35년의 압제에서 풀리는 동시에 (국토가)허리 잘린 장애를 겪으면서 내선일체를 주창했던 사가·언론에 의해 역사가 지배되었다. '민족의 태양론'(이승만), '유신인격론'(박정희), '광주폭도론'(전두환), '4대강 예찬론'(이명박), '48년 건국론'(박근혜)으로 이어지는 어용학자·논객들은 한 번도 징벌되거나 청산되지 않았다. 그 결과로 지금까지 한국 사회의 역사와 지성과 양심을 짓밟는 독초가 되어왔다.

프랑스의 나치협력 지식인 드리외 라 로셸은 '역사가의 책임'을 물어 스스로 자살을 택하고, 왕명에 따라 청태종의 삼전도 공적비를 썼던 오준吳竣은 뒷날 수치스러움에 붓을 잡았던 손가락을 돌멩이로 짓이겼다.

루쉰은 "먹으로 쓴 거짓말은 피로 쓴 사실을 덮을 수 없다."라고 했다. 피 흘린 독립운동사를 친일파(와 그 계열) 후손들이 권력과 재력의 붓으로 바꿀 수는 없다. 다시 한 번 역사학자를 포함한 언론인·지식인들의 엄격성과 정직성 그리고 양심의 회복을 바라면서 역사를 왜곡하면 반드시 역사의 필주를 받게 된다는 사실을 명심했으면 한다.

백암 박은식 선생의 치열했던 생애와 올곧았던 사필史筆의 정신을 돌이키면서, 에릭 홉스봄의 말을 되새겨야 할 때인 것 같다.

지금은 무기를 놓을 때가 아니다. 깨어있는 사람들이 침묵하면 역사는 뒷걸음질 친다.[1]

주

1장 출생과 성장기

1 나절로, 「백암 선생의 업적과 회고」, 『나라사랑』 제8집, 24쪽, 외솔회, 1972.

2 윤남한, 「박 은식 선생의 유교사상」, 앞의 책, 35쪽.

3 박은식 저·백암박은식선생전집편찬위원회 편, 「학(學)의 진리는 의(疑)로 좇아 구하라」, 『백암 박은식 전집』 제5권, 572쪽, 동방미디어, 2002. 이후『전집』표기.

4 윤병석, 「박 은식 선생의 생애」, 『나라사랑』 제8집, 81~82쪽.

5 신용하, 『박은식의 사회사상연구』, 8쪽, 서울대학교출판부, 1986.

6 위의 책, 6쪽.

7 박은식, 앞의 책.

2장 진보 언론인의 길에 나서

1 김삼웅, 「박은식의 언론투쟁과 언론사상」, 『백암학보』 제1집, 141쪽, 백암학회, 2006.

2 김기승, 「백암 박은식의 사상적 변천과정」, 『역사학보』 제114호, 역사학회, 1987.

3 최기성, 「박은식의 시대인식과 사회운동 연구」, 『전북사학』 제10집, 전북사학회, 1986.

4 유준기, 「박은식의 생애와 학문」, 『산문사학』 제2집, 산문학술재단, 1986.

5 김삼웅, 앞의 책, 142~143쪽.

6 김민환, 『한국언론사』, 125~126쪽, 사회비평사, 1991.

7 이만열, 『박은식』, 339쪽, 한길사, 1980.

8 김삼웅, 앞의 책, 143쪽.

9 『황성신문』, 1898년 2월 17일치 논설.

10 『황성신문』, 1906년 1월 16~17일치.

3장 민중계몽 각종 학회 활동기

1 『대한자강회월보』, 제4호.

2 『대한매일신보』, 1906년 10월 16일치.

3 이만열, 『박은식』, 63쪽, 한길사, 1980, 재인용.

4 신용하, 『박은식의 사회사상연구』, 서울대학교출판부, 1986.

5 「학도모집광고」, 『서우』 제2호, 1907년 11월 1일치.

6 신용하, 앞의 책.

7 위의 책, 15쪽.

8 윤병석, 「박 은식 선생의 생애」, 『나라사랑』 제8집, 85쪽.

9 이만열, 앞의 책, 359쪽.

10 유준기, 『한국근대유교개혁운동사』, 85쪽, 아세아문화사, 1999.

11 위의 책, 86쪽, 재인용.

12 『대한매일신보』, 1907년 10월 11일치.

13 『대한매일신보』, 1907년 9월 25~26일치.(뒷부분)

4장 국치 후 중국으로 망명

1 박은식 저, 「왕양명선생 실기」, 『전집』 제3권, 489쪽, 동방미디어, 2002.

2 「해제」(윤병석), 위의 책, 23쪽.

3 신용하, 『박은식의 사회사상연구』, 194~195쪽, 서울대학교출판부, 1986.

4 「연보」, 『박은식 전서』 下, 299쪽, 단국대학교동양학연구소, 1975.

5 박은식 저, 「해제」(윤병석), 앞의 책, 62쪽.

6 박걸순, 「박은식의 고대사 인식과 대동사관」, 『백암학보』 제1집, 68쪽, 2006.

7 위의 책, 63쪽.

8 신용하, 앞의 책, 195쪽.

9 박걸순, 앞의 책, 182~183쪽.

10 「몽배 김태조」, 『전집』 제4권, 171쪽.

11 위의 책, 383쪽.

5장 상하이에 독립운동 둥지 틀다

1 손과지(孫科志), 「박은식의 중국 망명시기활동」, 『백암학보』 제1집, 345~346쪽,
   2006.

2 윤병석, 「향강잡지」 해제, 『백암학보』 제2집, 219쪽, 백암학회, 2007.

3 『도산안창호전집』 2, 106~110쪽, 도산안창호선생기념사업회, 2000.

4 박은식, 『안중근』, 1쪽.

5 박은식 저, 「해제」(이만열), 『전집』 제3권, 11쪽, 동방미디어, 2002.

6 강영심, 「신한혁명당」, 『한국독립운동사사전』 5, 345쪽, 독립기념관, 2004.

6장 불후의 명저 '한국통사' 쓰다

1 박은식 저, 「한국통사」, 『전집』 제1권, 1081쪽, 동방미디어, 2002.

2 최홍규, 『한국근대정신사의 탐구』, 121쪽, 경인문화사, 2005.

3 박은식 저, 「해제」(윤병석), 『전집』 제2권, 6쪽, 동방미디어, 2002.

4 이만열, 『박은식』, 119~123쪽, 한길사, 1980, 재인용.

5 위의 책, 254~255쪽, 재인용.

6 위의 책, 258~259쪽, 재인용.

7 위의 책, 276~278쪽, 재인용.

8 박은식 저, 「『한국통사』·『한국독립운동지혈사』 해제」(윤병석), 『전집』 제1권,

53~54쪽.

9 박성수, 「한국통사와 국혼론」, 『백암학보』 제2집, 41쪽, 백암학회, 2007.

10 『전집』 제1권, 711~715쪽.

7장 시베리아로 옮겨 항일투쟁

1 반병률, 「러시아 연해주 망명기 박은식의 민족운동」, 『백암학보』 제2집, 94쪽, 백암학회, 2007, 재인용.

2 위의 책, 96쪽.

3 박은식 저, 『전집』 제2권, 192쪽, 동방미디어, 2002.

4 정운현, 『강우규』, 168쪽, 역사공간, 2010.

5 이만열, 『박은식』, 52~54쪽, 한길사, 1980, 재인용.

6 박은식 저, 『전집』 제6권, 362~363쪽.

7 위의 책, 165쪽.

8 「선인(鮮人)의 행동에 관한 건」(1919.10.16.), 『전집』 제6권, 390쪽.

9 김삼웅, 『한국사를 뒤흔든 위서(僞書)』, 121~123쪽, 인물과사상사, 2004, 일부 보완.

10 위의 책, 201쪽.

8장 임시정부기관지 '독립신문' 책임 맡아

1 신일철, 「박은식의 국혼으로서의 국사개념」, 『한국사상』 제11호, 193쪽, 1974.

2 김기승, 「박은식」, 『한국의 역사가와 역사학』 하, 창작과 비평사, 1994.("청말 변법파 양계초의 사상을 수용하여 국권회복을 위한 자강론을 제시했다. 그는 사회진화론에 의거하여 당시 국제사회를 양육강식, 우승열패하는 진화론적 생존경쟁의 법칙이 지배하는 냉혹한 현실로 제시했다. 이러한 인식에서 국권상실의 원인이 자강력 특히 민력(民力)의 부재에 있다고 보았다. 따라서 그는 구관습혁파와 교육 및 산업진흥을 통해 자강력을 양성해야 한다고 주장했으며, 애국심 함양과 단체결성

을 통해 민족의 역량을 결집해야 한다고 역설했다. 그의 국가관은 종래의 왕조적 국가나 대한제국 체제가 아니라 민(民)의 단체적 결합으로서의 국가 즉 국민국가에 근접하게 되었다.")

3 김삼웅, 「박은식의 언론투쟁과 언론사상」, 『백암학보』 제1집, 백암학회, 2006, 개고.

4 『독립신문』, 제85호, 1920년 6월 22일치.

5 위의 신문, 제86호, 1920년 6월 24일치.

6 위의 신문, 제130호, 1922년 6월 24일치.

7 위의 신문, 제159호, 1923년 4월 4일치.

8 위의 신문, 제183호, 1925년 3월 23일치.

9장 '한국독립운동지혈사' 쓰다

1 박성수, 「박은식의 '혈사'에 나타난 3·1운동관」, 『윤병석교수화갑기념 한국근대사 논총』, 651쪽, 지식산업사, 1990.

2 박은식 저, 『전집』 제2권, 417~419쪽, 동방미디어, 2002.

3 위의 책, 424쪽.

4 위의 책, 420쪽.

5 위의 책, 422쪽.

6 박은식 저, 『전집』 제1권, 431~432쪽, 동방미디어, 2002.

7 위의 책, 45~446쪽.

8 위의 책, 444쪽~445쪽.

9 위의 책, 479쪽.

10 위의 책, 478~479쪽.

11 위의 책, 496~497쪽.

12 위의 책, 505~506쪽.

13 위의 책, 544~545쪽.

14 위의 책, 554~555쪽.

15 위의 책, 675~676쪽.

16 위의 책, 675~676쪽.

17 박은식 저, 「해제」(신용하), 『전집』 제1권, 19~20쪽.

18 한영우, 『한국민족주의역사학』, 145~146쪽, 일조각, 1994.

19 윤병석, 「박 은식 선생의 생애」, 『나라사랑』 제8집, 95쪽, 외솔회, 1972.

20 이만열, 『한국 근현대 역사학의 흐름』, 257~258쪽, 푸른역사, 2007.

10장 혼란에 빠진 임시정부 제2대 대통령에 봉대

1 한승인, 『독재자 이승만』, 60쪽, 일월서각, 1984.

2 위의 책, 61쪽.

3 임병직, 『임병직 회고록』, 171~172쪽, 여원사, 1964; 고정휴, 「독립운동기 이승만
의 외교 노선과 제국주의」, 『역사비평』 겨울호(통권 33호), 1995.

4 임병직, 『임병직 회고록』, 128~129쪽, 여원사, 1964.

5 한승인, 앞의 책, 68~69쪽.

6 『독립신문』, 1925년 3월 23일치.

7 앞과 같음.

8 한승인, 앞의 책, 75쪽.

11장 임시정부 제2대 대통령 추대 그리고 서거

1 국사편찬위원회 편, 『대한민국임시정부공보』, 제42호(1925. 4. 30), 『대한민국임
시정부자료집』 1, 148쪽.

2 『독립신문』, 1925년 10월 21일치. ○란은 해독불가.

3 「백암선생의 유촉」, 『독립신문』, 1925년 11월 25일치.

4 김삼웅, 『김영삼 평전』, 567쪽, 깊은나무, 2016.

5 정인보, 『개벽』, 1925년 8월호.

12장 역사에 남은 명저

1 박은식 저, 「해제」(김삼웅), 『전집』 제5권, 동방미디어, 2002, 발췌.

2 『전집』, 제5권, 99쪽.

3 『독립신문』, 1923년 3월 1일치.

4 『전집』, 제5권, 155~156쪽. 원은 원세개를 말한다.

5 『독립신문』 1919년 11월 11일치.

닫는 말

1 김삼웅, 「역사의 필주(筆誅) 두렵지 않나」, 『경향신문』 시론, 2016년 10월 7일치, 부분 수정.

지은이 김삼웅

독립운동사 및 친일반민족사 연구가로, 현재 신흥무관학교 기념사업회 공동대표를 맡고 있다.
『대한매일신보』(현 『서울신문』) 주필을 거쳐 성균관대학교에서 정치문화론을 가르쳤으며, 4
년여 동안 독립기념관장을 지냈다. 민주화운동관련자 명예회복 및 보상심의위원회 위원, 제주
4·3사건 희생자 진상규명 및 명예회복위원회 위원, 백범학술원 운영위원 등을 역임하고 친일
반민족행위진상규명위원회 위원, 친일파재산환수위원회 자문위원 등을 맡아 바른 역사 찾기
에 부단히 노력하고 있다.
역사·언론 바로잡기와 민주화·통일운동에 큰 관심을 두고, 독립운동가와 민주화운동에 헌신
한 인물의 평전 등 이 분야의 많은 저서를 집필했다.

국혼의 지사
백암 박은식 평전

1판 1쇄 펴낸날 2017년 8월 30일

지은이 김삼웅

펴낸이 서채윤 펴낸곳 채륜
책만듦이 김미정 책꾸밈이 이현진

등록 2007년 6월 25일(제2009-11호)
주소 서울시 광진구 자양로 214, 2층(구의동)
대표전화 02-465-4650 팩스 02-6080-0707
E-mail book@chaeryun.com Homepage www.chaeryun.com

책값은 뒤표지에 있습니다.
ISBN 979-11-86096-51-2 03910

이 도서의 국립중앙도서관 출판예정도서목록(CIP)은 서지정보유통지원시스템 홈페이지(http://seoji.nl.go.
kr)와 국가자료공동목록시스템(http://www.nl.go.kr/kolisnet)에서 이용하실 수 있습니다. (CIP제어번호 :
CIP2017019612)